Charles GALLONI D'ISTRIA

Lieutenant

Docteur en Droit de l'Université de Nancy

LE DROIT DES GENS

DANS LA Guerre de l'Afrique Australe

NANCY

IMPRIMERIE LOUIS KREIS

Rue Saint-Georges, 51

—

1903

INTRODUCTION

Si en choisissant pour sujet de cette étude : *Le Droit des Gens, dans la guerre de l'Afrique Australe*, nous avons peut-être — le lecteur en sera juge — trop présumé de nos forces, du moins nous ne nous sommes pas mépris sur l'importance et l'intérêt du travail. Aucun événement, depuis la guerre franco-allemande, sans excepter la campagne turco-russe et le soulèvement hellénique, n'excita dans l'Europe une émotion semblable à celle que provoqua le conflit anglo-transvaalien. Il est vrai qu'une lutte si disproportionnée, ne pouvait qu'émouvoir profondément tous les cœurs généreux. Mais à mesure que l'oubli se fait et que les passions s'apaisent, la cause intime et durable de l'émotion ressentie par l'univers entier, se dégage et se précise. C'est que la guerre Sud-Africaine, éclatant quelques mois après la Conférence de La Haye, apportait à tous les esprits optimistes et que hante le rêve de paix universelle dont notre temps est séduit, une douloureuse déception ; c'est qu'elle posait de nouveau le problème de l'avenir du droit international et faisait douter aux pessimistes s'il y avait un droit des gens.

Le 23 avril 1795, l'abbé Grégoire, l'ancien curé d'Embermesnil, proposait à la Convention de profiter de la conclusion récente de la paix de Bâle, pour émettre une « déclaration du Droit des Gens » qui proclamerait indistinctement l'individualité et l'inviolabilité des Etats comme la « Déclaration des Droits de l'Homme » avait émancipé et consacré l'Individu. Cette tentative malheureusement n'aboutit pas.

Il est vrai que l'état de l'Europe et son passé, ainsi que l'esprit alors belliqueux de la France, donnaient plutôt raison à Frédéric de Martëns, professeur de Droit à Gœttingue, qui, en 1796, dans une seconde édition française de son « Précis du Droit des Gens », niait l'existence de principes fixes et inviolables dans les relations internationales.

Telles sont les deux thèses, l'une franchement idéaliste, l'autre nettement réaliste, qui marquent au dix-neuvième siècle les deux pôles des idées, en matière de Droit des Gens.

Entre ces deux positions extrêmes, l'histoire des relations politiques internationales a tracé une voie sinueuse et quelquefois indécise, par où elle mène, avec des progrès et des réveils, l'humanité vers le but désiré, mais toujours insaisissable.

C'est donc à l'histoire, plutôt qu'à la doctrine qu'il faut s'adresser pour mesurer le chemin parcouru depuis cent ans. Il paraît considérable, si nous envisageons moins le Droit International au point de vue du fond qu'au point de vue de la forme. Un fait constant frappe les regards : le passage successif de la coutume à la loi, et de la loi particulière à la loi générale. L'usage devient convention et le « modus vivendi » établi par les grandes puissances, se transforme en règle universelle. Depuis les traités de Vienne, on ne peut nier que, pendant tout le cours du dernier siècle, la procédure internationale n'ait réalisé d'importants progrès consacrés par des résultats positifs. D'autre part, certains faits attestent l'influence morale des nations les plus civilisées. L'Espagne et le Brésil, de peur de s'attirer le mépris de l'Europe, abolirent l'esclavage sur toute l'étendue de leurs possessions. Les Etats-Unis et l'Espagne, bien que n'ayant pas adhéré au traité de Paris, évitèrent, pour un motif semblable, de recourir à la Course, dans la guerre de Cuba. L'accroissement continuel des rapports commerciaux entre tous les peuples, le sentiment grandissant de la solidarité économique, l'étude toujours plus active de la législation comparée ont contribué à la reconnaissance de plus en plus nette de l'interdépendance des Etats ou de la solidarité Internationale.

Tel est, en raccourci, le tableau de l'évolution du Droit des Gens au XIXe siècle. On conçoit que de nombreux esprits, confiants dans la force des idées et ne voulant voir dans le passé que ce qui autorise les rêves de l'avenir, aient cru très proche la réalisation définitive de la paix universelle. L'état d'esprit général de l'Europe encourageait cette disposition optimiste; la Conférence de La Haye la justifiait.

Et pourtant, à l'automne de l'année 1899, au lendemain de ces mémorables assises, éclatait entre l'Angleterre et les républiques Sud-Africaines du Transvaal et de l'Orange, une guerre dont nous rappellerons ici, bien qu'ils soient présents encore à toutes les mémoires, les dramatiques événements.

La guerre Sud-Africaine a présenté plusieurs périodes distinctes, dont, contre toute prévision, la dernière a duré jusqu'au commencement de mai 1902:

1° Du 10 octobre 1899 au 15 février 1900, l'Europe apprend avec un enthousiasme mêlé de crainte l'offensive des Boërs, marquée par une longue série de succès.

Les opérations gravitent tout d'abord autour des trois villes de Kimberley, Mafeking et Ladysmith, que les Boërs assiégèrent après avoir, sous les ordres de Joubert, envahi le Natal, que le général George Wite défend de son mieux, mais inutilement.

Cependant, sir Redvers Büller marche au secours des trois villes menacées. Des batailles sont livrées près de Kimberley, à Maggersfontein (9-12 décembre), par le général Methuen ; au sud du fleuve Orange, à Stormberg (10 décembre), par le général Gatacre ; sur la Tugela, à Colenso (15 décembre), par Büller. La « semaine noire » assure le triomphe des Boërs, qui ne savent pas tirer parti de la victoire. Kimberley, Mafeking, Ladysmith résistent toujours.

Une nouvelle mobilisation a été décidée par les Anglais, qui ont désigné pour Commandant en Chef le maréchal lord Roberts. Cependant, sur la Tugela, Büller éprouve de nouveaux échecs à Venter-Spruit (20-23 janvier), à Spion-Kop (nuit du 23 au 24 janvier) et à Vaal-Krantz (5-7 février) ;

2° Alors s'ouvre la seconde période, la période décisive, sous la direction de lord Roberts, secondé par lord Kitchener, son chef d'état-major. L'Europe apprend avec angoisse l'invasion de l'Orange et la rapide série de succès qui par Kimberley (15 février), Paardeberg (18 février), où Kronje succombe plutôt qu'il ne capitule, Ladysmith, conduit le 13 mars l'armée anglaise à Bloemfontein, puis à Prétoria.

On croyait alors que la guerre serait vite finie, alors qu'en réalité elle ne faisait que commencer.

En octobre 1900, commence la guerre de guérillas qu'avait conseillée aux Boërs, dès son arrivée, le colonel de Villebois-Mareuil.

Les de Wet, les Delarey, les Botha et tant d'autres qui se lèvent autour d'eux, multiplient les escarmouches, capturent les détachements anglais, interceptent les lignes ferrées. Ils surgissent de toutes parts, harcèlent et terrorisent l'ennemi.

Devant cette résistance énergique, lord Kitchener, devenu généralissime, imprimera aux hostilités un caractère particulier de rigueur et inaugurera l'ère des camps de concentration.

Les Boërs répondront à ces nouvelles mesures par une série d'éclatants coups de main, couronnés par l'enlèvement à Twibosch du général Methuen, que Delarey remet du reste en liberté.

Enfin, en mai 1902, la guerre prendra fin après avoir coûté au vainqueur la perte de vingt mille combattants et de cinq milliards et demi de francs.

Et quand, à la fin de notre étude, nous aurons montré le singulier contraste entre les espérances que faisait naître le progrès du Droit International au XIXe siècle et la triste réalité qu'offrait la guerre Sud-Africaine, on s'expliquera mieux le trouble dont l'Europe fut envahie.

Il nous sera plus facile d'autre part, d'apprécier les conséquences d'un si grand fait. Sans doute, elles n'apparaîtront entièrement que dans un avenir assez éloigné : mais celles que l'on saisit du premier coup d'œil ne sont guère consolantes pour l'humanité. L'Europe, en effet, n'a voulu voir dans le conflit anglo-transvaalien que la ruine de ses espérances pacifiques.

Il est facile de constater tout d'abord que la guerre de l'Afrique Australe a rejeté pour longtemps dans l'ombre l'œuvre du Congrès de La Haye. Elle a accru la défiance des peuples vis-à-vis de leurs gouvernements et diminué d'autant le crédit des hommes d'Etat. Qui peut dire pour combien d'années elle a rendu impossible cette confiance réciproque qui facilite les conventions internationales et préside nécessairement à des conférences de paix ? Dans l'Europe actuelle, les grandes puissances ont pris la direction de la civilisation. Elles exercent sur les Etats mineurs une hégémonie et une suzeraineté dont elles profitent pour s'agrandir et se fortifier. On ne saurait se dissimuler le péril d'une semblable situation. Les faibles assisteront peut-être à la naissance d'un droit international spécial, créé par les forts et pour eux. Il est facile, surtout en Allemagne et en Angleterre, d'inventer des doctrines philosophiques ou scientifiques, au nom desquelles on justifie les plus audacieux attentats. La liberté des peuples n'a pas de plus terribles adversaires que certaines théories assez nouvelles, sorties du Darwinisme contemporain et de la sociologie allemande ; l'une, au nom de la sélection naturelle et de la lutte pour la vie, approuve les abus de la force et flétrit d'avance les résistances inutiles du faible ; l'autre, étendant la solidarité des individus aux peuples, substitue à l'individualité des Etats, l'interdépendance des nations. Nous ne savons quel avenir est réservé à ces hérésies du Droit ; mais il est certain que la guerre Sud-Africaine leur apporte, en fait, une éclatante confirmation. Inutiles, tous les appels à l'arbitrage, à la justice des hommes. Inutile la voix des peuples que l'idée d'injustice révolte. Les trônes ne se sont point émus et les rois sont restés sourds à toute sollicitation. Lâcheté, dira-t-on... Eh non ! politique.... Car, si l'Angleterre eût touché à la moindre prérogative de ces nations indifférentes, on les aurait vues demander aussitôt réparation.

Mais, quelles qu'aient été leurs raisons pour ne pas agir, les grandes puissances ont donné en cette occasion aux Etats mineurs une grande leçon qu'il serait imprudent de dissimuler. Elles ont révélé leur tendance à considérer le monde comme un vaste enclos, où, se substituant à la Providence et se distribuant entre elles des besognes, qu'elles appelleront saintes, elles feront croître ou détruiront, chacune dans sa « sphère d'influence », les humbles et les petits. Le besoin indéfini d'expansion, que l'on a si bien nommé *impérialisme*, dévore actuellement les peuples les plus pacifiques par nature et par destination.

Ainsi pourrait se fonder, selon l'expression de l'éminent professeur Castellani (1), à qui nous empruntons plusieurs de ces vues, un « Comité restreint des grandes puissances » à qui le reste du monde obéirait par nécessité et dont le joug ne saurait finir que quand il n'y aurait plus rien à partager. Alors serait réalisée la définition de la justice que Platon prête au sophiste Thrasymaque : « Ce que nous appelons le juste, c'est l'intérêt du plus fort (2) ».

---

(1) *Revue de Droit International public*, 1901, n° 1 : *Le Droit des Gens au commencement du* XXe *siècle*.

(2) *République*, livre Ier.

Tel est le danger dont semblent menacés les petits peuples, trop faibles pour résister et réduits à invoquer, pour toute réponse, les principes que l'abbé Grégoire, en 1795, demandait à la Convention de proclamer, c'est-à-dire les principes de l'indépendance et de l'inviolabilité des États. Or, si l'on s'en tient aux apparences, il semble qu'il soit déjà trop tard pour escompter le triomphe de l'Individualisme en matière de Droit International. Le cosmopolitisme, toujours croissant, est favorable surtout aux grandes puissances qui, grâce à leur population, envahissent les autres par une infiltration progressive. Le rêve de paix qui hante presque tous les esprits et le continuel échange des idées, énervent plus rapidement les faibles qu'ils n'usent l'avidité des forts L'égoïsme des dynasties et des pouvoirs flatte, pour durer, la prudence excessive des peuples. Enfin, l'impuissance à laquelle les petits États se sentiront bientôt réduits, décourageant les dernières énergies, dessoudra peu à peu les forces vives et détruira le désir de la liberté même.

Si ces réflexions paraissaient étrangères à notre sujet, nous répondrons que la plus grande conséquence morale de la guerre Sud-Africaine, est précisément de les avoir suggérées aux esprits les plus raisonnables. Quant aux esprits chagrins ou dédaigneux, qui sait jusqu'où ils n'ont pas porté le pessimisme ? Se fondant sur ce fait qu'il n'y a pas encore de sanction ni de pénalité pour les crimes des nations, ni de tribunal capable de faire exécuter les jugements prononcés, ils considèrent que la seule garantie efficace de l'indépendance est la force au service de la haine et que la loi du talion, implacablement appliquée, laisse encore plus de ressources aux victimes que des conventions hypocrites moins faites pour établir la paix que pour justifier, après coup, l'agression du plus fort.

Mais nous ne saurions arrêter davantage l'attention du lecteur sur un tel nihilisme moral et juridique. Pour nous, nous avons hâte d'abandonner ces réflexions générales, sur lesquelles nous ne nous sommes si longuement étendu que pour être autorisé à n'y plus revenir directement dans le cours de notre ouvrage, tant elles offrent à l'esprit d'incertitudes et d'angoisses ! Nous avons cru qu'elles ne pouvaient être totalement absentes d'un travail comme celui-ci, où il est question d'un événement si récent encore, et où il était impossible qu'on ne trouvât pas un faible écho des préoccupations contemporaines. Mais c'est avec un véritable soulagement que nous quittons ces régions dangereuses, où nous nous sommes aventuré, pour entrer dans l'étude détaillée du Droit des Gens et de son application dans la guerre de l'Afrique Australe. Ici, du moins, l'abondance, voire excessive, des faits nous soutiendra dans notre marche et nous empêchera, nous l'espérons, de nous égarer du droit chemin.

Notre travail comprendra quatre parties, dont la première traitera de la situation politique des adversaires avant la guerre; la deuxième, des rapports entre belligérants au cours des hostilités, la troisième, des relations entre belligérants et neutres, la quatrième, de la paix.

Notre intention étant d'étudier plus spécialement l'application des lois de la guerre proprement dite, nous n'avons pas jugé à propos de donner à la quatrième partie de notre ouvrage un développement en rapport avec l'importance de son sujet. Quelques considérations, au moins générales sur le traité de paix, paraissaient être la fin naturelle d'un travail de ce genre qui, sans cela aurait semblé incomplet. C'est donc à une raison de logique et d'ordre que nous avons obéi en introduisant cette dernière partie qui, répétons-le, ne saurait répondre, pour les motifs indiqués plus haut, à une juste curiosité du lecteur.

Nous n'avons pas la prétention, et il n'entre pas dans le cadre de ce modeste travail, de développer avec l'ampleur, la compétence et la science juridiques de plumes plus autorisées que la nôtre, les événements qui se sont déroulés sur le sol de l'Afrique orientale.

Nous ne retracerons donc point les différentes opérations militaires de cette campagne dont le tableau a été magistralement brossé par des écrivains de talent. Nous nous contenterons de traiter ici, au point de vue spécial qui nous occupe, celles de ces opérations dont la conduite marquait nettement chez leurs auteurs, l'idée préconçue d'aller de l'avant, sans se préoccuper des obstacles que le Droit des peuples aurait pu élever contre leurs desseins. Nous ne tiendrons pas compte, en conséquence, de tous les actes isolés où la violation des principes juridiques n'aurait été que le fait de soldats indisciplinés, opérant en dehors de l'œil des chefs, dont la responsabilité, par suite, ne saurait être engagée.

En résumé, nous avons voulu voir à l'œuvre dans la guerre Sud-Africaine, deux nations civilisées, liées bon gré mal gré, par un contrat tacite, souvent exprès, imposé aux belligérants par la conscience universelle des peuples, l'état actuel de la civilisation et dont l'observation plus ou moins scrupuleuse est indissolublement liée à l'avenir de l'humanité.

Nous avons entrepris ce travail, est-il nécessaire de le dire, sans aucun parti pris, avec la résolution ferme de tirer seulement des événements tous les enseignements qui paraîtront s'en dégager, de rester sur un terrain purement scientifique, en un mot, de faire du droit et non de la polémique.

PREMIÈRE PARTIE

Situation politique réciproque des Anglais et des Boërs avant la Guerre Rapports entre les deux Etats

OBSERVATION. — Notre travail, ainsi que nous l'avons annoncé dans l'Introduction, ayant pour but de constater dans quelle mesure le droit des gens a été appliqué dans la guerre de l'Afrique Australe, il nous a paru nécessaire de considérer d'abord la situation politique de chacun des Etats en question, d'étudier leurs rapports réciproques et de déterminer ainsi logiquement le point de départ d'une étude de ce genre.

CHAPITRE PREMIER

ANGLETERRE

Par sa situation géographique et sa constitution géologique, l'Angleterre était appelée à devenir puissance commerciale et industrielle de premier ordre. Le sol de ce pays se prêtant d'une façon toute particulière au développement des industries métallurgiques, l'Angleterre devait chercher à se créer au dehors une clientèle que la métropole ne pouvait lui fournir et à se constituer des marchés pour les besoins de son alimentation. Cette politique économique est une nécessité pour l'Angleterre qui, d'ailleurs, paraît en supporter assez philosophiquement les dures exigences. D'autre part, une flotte colossale fut constituée, à l'origine de ces besoins, pour appuyer une politique que les Anglais considèrent comme la condition sine qua non de leur prospérité. L'application de ces principes a donc conduit l'Angleterre à être puissance colonisatrice par excellence, et à étendre sans cesse à travers le globe de nombreuses ramifications.

La position géographique du Transvaal qui constituait, pour l'Angleterre, une entrave sérieuse à l'expansion de sa puissance dans l'Afrique australe, faisait prévoir, dans un avenir plus ou moins éloigné, une annexion de la République Sud-Africaine à l'Empire Britannique. Un nombre considérable de sujets anglais étaient allés déjà se livrer à l'exploitation des mines d'or du Transvaal, et planter de la sorte des jalons pour la politique future de leur pays. La nature elle-même semblait favoriser un pareil projet, car elle a doué la race anglaise d'un tempérament spécial, capable de courir toutes les aventures, de faire face à toutes les éventualités. « Le Transvaal, écrivait M. » Sevin Desplaces, avait le malheur d'être enclavé. » Sa situation politique est en contradiction avec » sa position géographique. C'est ainsi du moins » que l'Angleterre le considère. »

« Dans le rêve d'adaptation économique conçu » par l'Angleterre, il est déjà un intéressé à trois » grosses parts. C'est ce qu'on ne veut pas qu'il » soit. Et pour lui prendre ses parts, on imagine » contre lui le vol à la querelle, sauf à dire que » c'est lui qui a commencé. (1) »

L'émigration vers le pays des Boërs commença donc au moment où la République du Transvaal voulait essayer ses ailes et se continua de telle façon, qu'en 1884, ce mouvement devint inquiétant, tant par son importance, que par les préten-

(1) *Revue-Bleue*, 11 novembre 1899, page 628.

tions d'ordre politique que les émigrés jugèrent à propos d'émettre auprès du Gouvernement Sud-Africain. Le moment était arrivé pour l'Angleterre de sortir des coulisses et de travailler pour son propre compte.

NOTE. — Voici comment, à propos de la politique anglaise, s'exprimait un anonyme dans le *Correspondant* du 15 avril 1899 :

« L'esprit français, qui a le grand tort de vouloir tout généraliser et coordonner, comprend difficilement les évolutions économiques en apparence contradictoires de l'Angleterre. Or, les Anglais ne sont pas des faiseurs de systèmes, ils sont pratiques. Lorsqu'ils ont voulu établir leur suprématie maritime, ils ont créé l'acte de navigation qui était prohibitif ; lorsqu'ils ont été sûrs d'arriver premiers, ils sont devenus libres échangistes. Maintenant ils émettent trois théories qui visent toujours l'exploitation du monde. Sous couleur de resserrer les liens des colonies anglaises avec la métropole, ils cherchent à réserver à celle-ci seule le bénéfice du commerce avec les colonies par des tarifs de douane savamment étudiés : c'est l'impérialisme.

« La politique de la porte ouverte consiste à empêcher les nations qui ont occupé de nouveaux territoires, souvent au prix de sacrifices énormes d'hommes et d'argent, d'en tirer seules parti. Si elles accèdent aux réclamations de l'Angleterre, celle-ci se crée ainsi de nouveaux débouchés sans frais et sans risques ; elle devance facilement des concurrents moins habiles qu'elle au commerce d'exportation.

« Enfin, la politique d'expansion et d'annexion recourt à la force, l'Angleterre s'empare de vastes territoires et écarte brutalement ses concurrents. Pour se créer un immense domaine en Afrique, du Cap au Caire, elle occupe l'Égypte en ne tenant aucun compte de ses engagements et de ses promesses, elle a spolié le Portugal, elle a fait organiser l'expédition de Jameson dont le seul tort a été à ses yeux de ne pas réussir, elle a fait évacuer Fachoda.

« Mais l'Afrique n'a pas une grande faculté d'achat et ses territoires ne sont pas encore pacifiés et civilisés. — Acculée à une surproduction énorme, l'Angleterre envisage l'éventualité d'une guerre. »

CHAPITRE II

TRANSVAAL

Afin de démontrer que le conflit Anglo-Transvaalien n'était qu'un épisode de la politique impérialiste de l'Angleterre, politique devenue la nécessité même de son existence, il paraît indispensable de tracer un rapide exposé historique qui permettra de mieux le comprendre.

En 1497, Vasco de Gama contournait le Cap de Bonne-Espérance et plantait le drapeau portugais sur les terres du Natal — uniquement peuplées par les Cafres, les Zoulous et les Matabelés.

En 1650, les Hollandais occupèrent et colonisèrent toute la région du Cap de Bonne-Espérance, s'y livrèrent à la culture, fondèrent des fermes, des villes, conservant fidèlement d'ailleurs la religion, la langue, les mœurs de la mère-patrie.

La portion rurale de cette population reçut le nom de Boërs (fermiers). Aux nouveaux occupants se joignirent plus tard, après la révocation de l'Edit de Nantes, quelques familles de protestants

2

français. Les races, déjà unies par les liens de la même religion, n'en formèrent bientôt plus qu'une, surtout lorsque des ennuis de toute sorte vinrent accabler ces malheureux qu'une aveugle destinée avait jetés sur le sol africain.

A la fin du XVIIIe siècle, vers 1795, les Anglais, chassés de Hollande par les armées de la République, débarquèrent au Cap un corps d'occupation et s'y installèrent en maîtres. Les traités de 1815 reconnurent à l'Angleterre la possession de la Colonie.

C'est alors que commencèrent pour les Boërs, qui ne pouvaient se faire à la domination anglaise, les premiers *Treeks* ou émigrations vers le Nord et l'Est. Ils s'installent d'abord dans la vallée de l'Orange. Mais les Anglais, qui considèrent toujours ces émigrants comme des sujets britanniques, déclarent leur souveraineté sur les nouveaux établissements. Les Boërs, qui veulent à tout prix se soustraire à cette sujétion, reprennent leur marche vers le Nord, traversent le Vaal et se fixent sur les plateaux du Transvaal.

Les Anglais, en 1848, ne se contentant plus d'une souveraineté nominale, s'étaient emparés par force de l'Orange, mais s'étaient arrêtés au Vaal. Les Boërs du Transvaal s'organisèrent alors, se donnèrent une constitution et élurent pour président un des leurs, M. Prétorius. Le 17 janvier 1852, la nouvelle République proclama son indépendance que l'Angleterre reconnut. Deux ans plus tard, le 23 février 1854, l'Angleterre reconnaissait également la République d'Orange dont la capitale fut établie à Bloemfontein.

En 1872, des mines de diamant ayant été découvertes dans le Griqualand occidental, l'Angleterre s'annexa ce territoire qui, jusque-là, avait appartenu à l'Etat d'Orange, et fit de Kimberley la capitale de ce nouveau pays.

A cette époque, lord Carnavon, Ministre des Colonies, conçut le premier l'idée d'un vaste empire africain et, dès ce moment, tous les événements qui allaient se dérouler dans l'Afrique Australe, ne devaient tendre qu'à la réalisation du projet conçu. En 1877 donc, le Gouvernement anglais s'empare de tout le territoire Cafre, entre Port-Natal et le Cap, et, dans la même année, proclame l'annexion de la République Sud-Africaine aux possessions anglaises.

Pendant trois ans, les Boërs de Prétoria réclament, mais leurs plaintes restent vaines.

Ils résolurent alors de secouer le joug anglais par la révolte. Ils profitèrent des embarras de l'Angleterre alors occupée contre les Basutos, et entrèrent en campagne en décembre 1881.

La guerre fut désastreuse pour les Anglais qui, écrasés à *Majuba*, durent signer à Prétoria, le 23 Mars 1881, un traité qui reconnaissait l'autonomie de la République Sud-Africaine, qui restait cependant sous la suzeraineté de la reine. Nous étudierons, dans un chapitre spécial, ce traité dont la connaissance est indispensable à l'intelligence de la Convention de Londres de 1884, qui, interprétée différemment par les deux États en conflit, peut être considérée comme la cause immédiate de la guerre Sud-Africaine.

CHAPITRE III

ÉTAT LIBRE D'ORANGE

Quand, après les premiers *Trecks*, les colons hollandais du Cap se furent installés au Natal, nous savons, par l'histoire du Transvaal, que les Anglais se portèrent à leur suite pour planter les couleurs britanniques sur les terres conquises par les émigrants, que l'Angleterre continuait à considérer comme ses sujets. Mais les Boërs, qui tenaient précisément à échapper à ces poursuites, résolurent alors d'abandonner le Natal et de franchir le fleuve Orange. Cette caravane fut suivie par d'autres et, peu à peu, se constitua un nouvel Etat entre l'Orange et le Vaal sur lequel les Anglais, tenaces, allaient, en 1848, proclamer la « souveraineté britannique ». Les Orangistes résistèrent, avec quelque succès d'abord, mais, après un échec sérieux au combat de Boomplatz, ils durent faire leur soumission ou émigrer encore. Les uns, hostiles à toute idée de domination anglaise, continuèrent leur mouvement de *trekking* vers le Nord, où nous les avons vus fonder la République du Transvaal, les autres restèrent dans le pays dont ils devinrent les principaux dignitaires. Mais, avec leur nouveau domaine colonial, les Anglais furent obligés de prendre en même temps son héritage de guerre contre les Basoutos et autres indigènes, ce qui grevait le budget annuel de la Métropole de dépenses qui firent regretter l'annexion. Aussi, le gouvernement britannique crut devoir prendre l'initiative de proposer à ses nouveaux colons de les instituer libres et indépendants, de les rendre politiquement autonomes, en échange de la promesse que l'esclavage ne serait pas rétabli dans le futur Etat libre. Les Orangistes acceptèrent et un pacte fut conclu sur ces bases, à Bloëmfontein, le 23 février 1854. La République d'Orange se trouvait ainsi reconstituée et, depuis cette époque, sa prospérité ne fit que s'accroître.

La Constitution politique de l'Etat libre reposait sur les deux pouvoirs législatif et exécutif, confiés, le premier à un Volksraad ou « Conseil du peuple », composé d'un peu plus de cinquante membres, un par chef-lieu de province et par district de campagne, nommé pour quatre ans et renouvelable par moitié tous les deux ans ; le pouvoir exécutif était exercé par un Conseil de cinq membres, dont deux fonctionnaires, élu pour quatre ans et rééligible.

Section I

Relations Anglo-Orangistes depuis le traité de 1854

L'histoire politique de ces relations est des plus simples, car, contrairement à ce qui se passa au Transvaal, le traité de 1854 ne reçut aucune modification depuis sa signature, jusqu'aux événements qui mirent aux prises les deux Républiques avec le puissant empire de la Grande-Bretagne. La Convention de 1854 avait reconnu la souveraineté de l'Orange qu'aucun lien politique n'attachait plus à l'Angleterre. Aussi, les relations entre les deux Etats furent constamment empreintes de la plus grande cordialité jusqu'au moment où, l'Angleterre découvrant les mines diamantifères du Griqualand occidental, qui appartenaient à l'Etat libre, décida de s'en emparer, à seule fin d'en avoir l'exploitation exclusive. La ville de Kimberley, qui devait, tout au commencement de la guerre Sud-Africaine, subir un siège en règle de la part des Boërs, fut fondée à cette époque (1869). La République d'Orange protesta contre cette main-mise peu ordinaire sur une propriété nationale, mais sans succès. Une indemnité pécuniaire fut la seule réponse du gouvernement britannique à ces protestations. Il est à remarquer que, dans cette circonstance, l'Angleterre ne paraît pas avoir agi avec tout le discernement politique qui d'habitude la caractérise, car l'octroi d'une indemnité à la République d'Orange impliquait de sa part la reconnaissance d'un droit méconnu par elle, par conséquent l'aveu de sa culpabilité, et, ce qui est plus grave, semblait faire croire au monde qu'elle sait parfois tolérer que ses intérêts se substituent au Droit. Le souvenir de cette attitude n'est certainement pas resté étranger aux critiques généralement acerbes que devait soulever plus tard le conflit Anglo-Transvaalien qui, à son origine du moins, ne fut pas jugé, avec toute l'impartialité et la sagesse que comportait sa complexité. L'Angleterre allait subir ainsi les conséquences ennuyeuses d'une politique que d'aucuns prétendent quelquefois tortueuse et se heurter, au début de la guerre Sud-Africaine, à des opinions préconçues, que l'étude impartiale des faits cependant aurait pu, sinon faire disparaître, tout au moins réduire à des proportions plus équitables.

Section II

Alliance défensive de l'Etat libre d'Orange avec la République Sud-Africaine

Les relations de l'Angleterre et du Transvaal, si souvent tendues, particulièrement de 1877 à 1884, n'avaient pas été sans inquiéter la petite République de l'Orange à qui l'amer souvenir du Griqualand faisait parfois présager de sombres réalités pour son propre compte. La crainte commune de la perte possible un jour de leur indépendance, conquise, Dieu sait au prix de quels efforts, devait, par la force naturelle des choses, réunir défensivement deux peuples que des liens nombreux de race, de religion, de mœurs, de traditions, d'institutions et d'intérêts attachaient déjà si solidement l'un à l'autre. Cette alliance fut donc consacrée officiellement le 17 Mars 1897, par un traité qui fut signé en dehors de tout contrôle, conformément au texte de la Convention de 1884 qui réglait les rapports de l'Angleterre et de la République Sud-Africaine. Le pacte de 1897 comporte, pour les parties contractantes, l'obligation réciproque de concourir, avec toutes leurs forces, à défendre l'indépendance des deux Etats « si elle venait à être menacée ou attaquée, à moins que l'Etat, qui doit fournir le soutien, ne démontre le mal fondé de la cause de l'autre Etat ». Il faut croire que l'Etat libre d'Orange a cru à la justice de la cause de ses frères d'au delà du Vaal, car, après les conseils de modération et de sagesse prodigués par la voix de son président, à l'Angleterre et au Transvaal, il n'hésita pas un seul instant à prendre les armes, conformément à ses promesses, quand les moyens pacifiques de régler le conflit anglo-boër parurent épuisés. Ce bref aperçu de l'histoire et des relations politiques de l'Etat libre d'Orange, nous a semblé nécessaire pour l'étude d'une guerre à laquelle l'Etat libre prit part et dont le caractère peut être affecté du chef même des rapports entre les deux Républiques. N'oublions pas que l'alliance défensive de 1897 avait, par la Convention de 1884, reçu implicitement l'approbation de l'Angleterre, à qui peut-être on aura besoin de le rappeler au cours du présent travail.

CHAPITRE IV

Traité de Prétoria de 1881

Si pour les Boërs l'indépendance ne consistait qu'à vivre paisiblement dans l'immensité du Veld, en arrangeant à leur gré les affaires intérieures de leur pays, leurs vœux se trouvaient exaucés par le traité de Prétoria qui rendait leur pays autonome et laissait aux Anglais seuls le pouvoir de régler les affaires extérieures du Transvaal.

Nous lisons en effet dans le préambule du traité : « Depuis et après le 8 août 1881, un gouvernement complètement autonome, sous la suzeraineté de Sa Majesté et de ses héritiers et successeurs, sera accordé aux habitants du territoire du Transvaal aux conditions, et sous les réserves suivantes..... ». Ces réserves étaient contenues dans l'article 2, ainsi conçu : « Sa Majesté se réserve pour elle, ses héritiers et successeurs, le droit d'établir un résident dans et pour ledit Etat. Ce résident aura le droit de faire lever des troupes par le Transvaal lorsqu'il y aura lieu de craindre une guerre entre l'Etat suzerain et une puissance étrangère quelconque ou avec une tribu indigène de l'Afrique Australe. De plus, Sa Majesté aura le contrôle sur les relations extérieures, y compris la conclusion de traités dudit Etat, ainsi que la direction des relations diplomatiques avec les puissances étrangères, et Sa Majesté pourra charger ses agents consulaires d'entretenir ces relations à l'étranger ». Les nouvelles conditions d'existence du Transvaal étaient ainsi parfaitement déterminées et il semble qu'aucun autre texte ne pouvait mieux définir les liens de vassalité, partant de sujétion, qui attachaient dorénavant ce pays à l'Angleterre. En effet, si cette dernière, dans l'article II du traité paraissait ne vouloir exercer sa souveraineté que sur tout ce qui pouvait toucher aux relations extérieures du Transvaal, le fait, d'autre part, d'avoir imposé dans le même pacte la présence d'un résident anglais sur le territoire transvaalien impliquait l'immixtion possible, sinon certaine, de l'Angleterre dans les affaires intérieures du Transvaal, ce qui, en réalité, plaçait ce pays sous la tutelle absolue du gouvernement britannique et ce qui nous faisait dire, au début de ce chapitre, que l'indépendance des Boërs, même dans le domaine intérieur, pouvait bien n'être qu'une illusion. Aussi ces derniers s'en aperçurent et ils ne cherchèrent plus, dès lors, qu'à faire modifier un traité dont les avantages ne correspondaient pas, disaient-ils, aux efforts tentés, aux risques courus et aux succès militaires de la campagne entreprise pour la cause de l'indépendance. Le président Krüger fut donc délégué à Londres, vers la fin de 1883, pour tâcher de faire reviser le traité de Prétoria. Dans quel sens ce traité fut-il modifié, c'est ce que nous demanderons à l'étude de la Convention de Londres de 1884, étude dont les conclusions nous permettront en même temps d'imprimer à la guerre Sud-Africaine le caractère juridique qui doit se dégager nécessairement des nouvelles relations anglo-transvaaliennes. La détermination de ce caractère constitue pour nous la question préjudicielle à résoudre, car les faits que nous nous sommes proposé d'étudier, ne pourront l'être scientifiquement que si la guerre de l'Afrique Australe peut tout d'abord être juridiquement définie. Se trouve-t-on en présence d'une guerre internationale ou d'une simple rébellion ? Voilà la question dont la solution domine tout le sujet.

CHAPITRE V

Convention de Londres de 1884

Nous trouvons à l'origine des pourparlers entre les délégués boërs (1) et Lord Derby, secrétaire d'État pour les colonies, une lettre de cette délégation, datée du 26 novembre 1883 et dans laquelle les délégués proposaient un article garantissant la pleine indépendance du Transvaal.

La réponse de lord Derby à cette lettre eut lieu à la date du 29 novembre et était ainsi rédigée : « Le projet de traité que vous avez soumis ne peut être admis, ni pour la forme, ni pour le fond, par le gouvernement de Sa Majesté ». Nous avons cru utile à la démonstration de notre thèse, à savoir que la Convention de Londres va modifier de fond en comble, au point de vue politique du moins, les rapports entre les deux pays, et dans un sens favorable à l'indépendance du Transvaal, de reproduire la réponse initiale de lord Derby à la lettre des délégués boërs, réponse qui paraît

---

(1) MM. Du Toit et Smit étaient adjoints au président Krüger.

indiquer assez nettement, en effet, l'état d'esprit britannique, au moment de ces négociations, et constituer, selon nous, un document des plus probants en faveur de l'interprétation donnée dans la suite par les Boërs à la Convention de 1884.

Le traité de 1881 était clair, précis et il ne pouvait se dégager de ces termes aucun doute sur les droits souverains de la Grande-Bretagne. Pourquoi, dès lors, cette puissance aurait-elle consenti à reviser un pareil traité ? Pour renforcer sa souveraineté sur le Transvaal ? Mais, à moins de l'incorporer purement et simplement à son Empire, l'Angleterre n'avait plus rien à demander à ce pays. Est-ce dans un accès de générosité politique que lord Derby a consenti à laisser modifier un traité dans un sens qui, plus tard, devait être généralement jugé défavorable aux prétentions de son gouvernement ? Le tempérament essentiellement pratique de la race anglaise enlève toute valeur à cette hypothèse et porte à croire, au contraire, que l'insistance de la délégation transvaalienne au sujet de l'indépendance, a été appuyée d'arguments suffisamment solides et puissants pour amener l'Angleterre à réfléchir et à signer après un nouveau pacte dans lequel la suzeraineté britannique était réduite à sa plus simple expression et limitée à l'article 4 ainsi conçu : « La République Sud-Africaine ne pourra conclure aucun traité, ni aucune convention avec une puissance autre que l'État libre d'Orange ou avec les populations indigènes Est ou Ouest de son territoire, sans en envoyer au préalable le texte à l'approbation de la Reine. Cette approbation pourra être considérée comme accordée si le gouvernement de Sa Majesté n'a pas fait connaître dans un délai de six mois, après la réception de la copie du traité, que celui-ci est contraire aux intérêts anglais dans l'Afrique du Sud ». Pour arriver à la véritable interprétation juridique de ce nouvel instrument, il est nécessaire, à notre avis, de pénétrer un peu plus intimement dans l'âme politique anglaise à la veille de la signature de la convention de 1884. Si l'Angleterre, en signant à Prétoria le traité de 1881, avait été inspirée par ce sentiment que le Transvaal était une enclave représentant pour elle un obstacle très sérieux à son expansion coloniale vers le nord de l'Afrique et à la réalisation de ses projets politico économiques dans cette partie du continent africain, si elle céda, d'autre part, au désir d'exploiter les richesses minières dont les fermiers boërs n'auraient jamais voulu ou su tirer parti, elle s'était, par contre, dans la suite, rendu parfaitement compte que le traité de Prétoria, tel qu'il avait été conclu, n'était pas fait pour donner satisfaction à un pays aussi jaloux de son indépendance et par conséquent aux intérêts britanniques que l'agitation continue des Boërs, pour arriver à leurs fins, pouvait à la longue, très sérieusement compromettre. Quel était, en somme, le but de l'Angleterre? Etre la maîtresse économique des riches terres transvaaliennes. Et que lui fallait-il faire pour cela ? Céder aux exigences patriotiques d'un petit peuple qui, en recouvrant son indépendance, aurait ouvert toutes grandes ses portes aux pionniers de l'Angleterre, c'est-à-dire à son industrie et à son commerce, et serait devenu pour cette puissance un ami dévoué et sûr, un sérieux allié au besoin. Quelle crainte pouvait engendrer, au sein du gouvernement britannique, la rétrocession de la souveraineté à la nation boër ? Les couleurs anglaises, de ce côté de l'Afrique, flottaient presque partout. L'Angleterre ne risquait donc rien en signant une nouvelle convention sur les bases de l'indépendance transvaalienne, contre laquelle elle obtenait en échange et la tranquillité dans ce coin de l'Afrique et, en quelque sorte, la suprématie économique au Transvaal. C'est donc dans cet état d'âme que l'Angleterre a signé la convention de 1884 dont l'esprit, selon nous, se trouve ainsi dégagé.

Si maintenant nous passons à la discussion juridique de la lettre du traité et à l'examen des circonstances qui en ont accompagné la conclusion, nous arriverons au même résultat, c'est-à-dire à constater que l'octroi de la souveraineté à la République Sud-Africaine était sincère, et qu'il n'existait d'autres limites à cette indépendance que le veto de l'Angleterre à la conclusion de certains traités énumérés par l'article IV et dont la teneur pourrait être contraire aux intérêts britanniques.

La Convention de 1884 peut être divisée en deux parties, dont l'une a trait à l'exercice de la souveraineté interne du Transvaal et l'autre se rapporte spécialement aux relations extérieures de la nouvelle République et dont l'interprétation différente, par les parties contractantes, peut être considérée, ainsi que nous l'avons déjà dit, comme la cause immédiate de la guerre Sud-Africaine.

En ce qui touchait l'exercice de la souveraineté interne, la convention de Londres fixait exactement les limites du territoire de la République transvaalienne (art. Ier), garantissait à tous les blancs les droits civils, la liberté de commerce et d'établissement, la protection de leurs personnes et de leurs propriétés et l'égalité devant l'impôt (Art. VII et XIV); interdisait l'esclavage sur le territoire de la République, qui s'engageait, en outre, à respecter la liberté religieuse (Art. VIII et IX). On ne voit là qu'autant d'obligations contractuelles dont l'exemple peut se rencontrer souvent dans l'histoire des peuples. Ces obligations sont conclues sur un pied d'égalité et nous dirons même de réciprocité, puisque l'Angleterre promettait au Transvaal, pour ses produits, la condition de la nation la plus favorisée? Peut-on donner à de pareils engagements un caractère qui dénote, entre les contractants, des relations de souverain à vassal? Le fait même, pour le Transvaal, de faillir à ses engagements, ne saurait comporter, par la structure même du traité, aucun droit d'intervention de l'Angleterre dans les affaires intérieures de la République. Le résident britannique, imposé à Prétoria par le traité de 1881, avait fait place, depuis 1884, à un simple agent consulaire n'ayant plus aucun droit de contrôle et dont les fonctions ne devaient plus se borner qu'à transmettre à son gouvernement les observations que pouvait lui suggérer la manière dont la République Sud-Africaine comprenait l'application du nouveau traité. « Ces divers engagements, dit M. Despagnet (1), sont encore de ceux que l'on retrouve tous les jours dans les Conventions d'États réciproquement indépendants et qui n'autorisent en rien l'intervention de l'un dans la souveraineté de l'autre : leur violation peut seulement donner lieu aux réclamations diplomatiques et, s'il y a lieu, aux moyens coercitifs que tout pays peut employer pour exiger l'observation des traités passés avec lui. Tout se réduit, par conséquent, à l'examen d'une question de fait. » Tel n'était pas l'avis cependant du ministre des Colonies anglaises qui, dans une note du 16 octobre 1897 (2), affirmait encore la vassalité du Transvaal et semblait négliger les termes d'un traité qui, en créant

(1) *La Guerre sud-africaine*, page 20.

(2) « Par la Convention de Prétoria, de 1881, Sa Majesté, comme souveraine du territoire transvaalien, a accordé aux habitants de ce territoire une autonomie complète, sous la suzeraineté de Sa Majesté, de son héritier et de ses successeurs, à certaines conditions et sous certaines réserves et restrictions, énoncées dans les trente-trois articles de cette Convention ; et par la Convention de Londres, de 1884, Sa Majesté, *tout en maintenant le préambule de cette première Convention*, a notifié et déclaré que certains autres articles y seraient insérés pour remplacer les clauses de la Convention de 1881... *Donc, aux termes de cette Convention, Sa Majesté occupe, à l'égard de la République Sud-Africaine, la position d'une suzeraine.* »

la souveraineté de la République Sud-Africaine, la limitait précisément. La note de M. Chamberlain est conçue en effet de telle sorte qu'il ne saurait plus être question, pour le Transvaal, que d'une indépendance très relative et dont l'exercice serait soumis au bon plaisir de l'Angleterre. C'était en somme le régime de l'arbitraire appliqué à l'interprétation d'un pacte dont la conclusion cependant avait son origine dans le désir réciproque des parties d'éviter toute équivoque de ce genre, en fixant nettement de part et d'autre les droits et obligations corrélatives. La question de la souveraineté était pour M. Chamberlain comme un *leit motiv* sur lequel il aimait à revenir au cours de toutes les négociations qui eurent lieu avant la guerre. Sur la force de quels arguments le ministre des Colonies faisait-il reposer ses prétentions ?

Comme on a pu le voir dans la note du 16 octobre 1897, que nous avons reproduite, M. Chamberlain s'appuyait sur le texte d'un traité abrogé, par la volonté même de l'Angleterre, et sur l'existence implicite, dans la Convention de 1884, du préambule qui figurait dans le traité de 1881, que les Etats contractants avaient intentionnellement, nous essaierons de le prouver d'ailleurs, fait disparaître du second traité.

Les Boërs avaient compris tout le danger de ce mot vague et imprécis de suzeraineté et c'est en vue de le faire supprimer que leurs délégués s'étaient rendus à Londres en 1883. Le Gouvernement de la Reine leur donna satisfaction et on a pu même produire le document où, établissant le projet de 1884, Lord Derby, d'accord avec les délégués Transvaaliens, a raturé, de sa propre main, toutes les mentions de celui de 1881 relatives à cette suzeraineté (1).

Le lien de suzeraineté, mentionné dans le traité de 1881, était-il réduit ou transformé? M. Chamberlain a affirmé dans la suite qu'il avait été implicitement maintenu. D'autre part, suivant les idées souvent émises par le Cabinet de Londres, la suzeraineté donnerait un droit général de contrôle sur les actes du vassal, indépendamment des précisions formelles du traité qui l'établit. Il faut avouer qu'il y a, dans ces prétentions contradictoires, une réelle obscurité ; si la suzeraineté est un droit de contrôle général, à quoi bon en préciser les limites comme on l'avait fait dans la Convention de 1881 ? Si, d'autre part, la suzeraineté était un pouvoir général, ce pouvoir diminuait à coup sûr, du moment où une réserve expresse était venue le limiter. L'intérêt de l'Angleterre était donc, au contraire, de conserver, coûte que coûte, ce précieux titre de suzeraine, même

---

(1) Voici les termes dont se servirent les délégués boërs dans leur lettre du 5 février 1884 à Lord Derby : « En vue de hâter les négociations, nous nous permettons de vous prier de faire rédiger et de nous faire communiquer les autres articles du projet de Convention, notamment en ce qui concerne l'abolition de la suzeraineté et la fixation, dans les limites équitables, de la dette de la République ».

en ne mentionnant aucun droit précis, puisque tous les droits étaient, suivant elle, implicitement contenus dans ce seul mot. En ne conservant qu'un seul de ces droits — le droit de veto — elle abandonnait implicitement la suzeraineté.

Mais il y a une objection plus grave à faire aux prétentions anglaises, qui est la suivante : Les obligations résultant de la vassalité ne peuvent être établies que par l'accord intervenu entre le suzerain et le vassal ; elles varient suivant les termes mêmes de cet accord qui, en les créant, les limite. Par le traité de 1881, la République Sud-Africaine était donc bien réellement vassale de l'Angleterre ; mais le traité de Londres changeait la face des choses et la Grande-Bretagne ne pouvait plus invoquer que le droit de veto inscrit dans l'article 4.

Le lien de suzeraineté établi par le traité de 1881 n'était donc ni réduit, ni transformé par le traité de 1884, mais bien aboli et remplacé par un simple droit de contrôle sur les actes extérieurs du Transvaal. Les Boërs soutenaient donc avec raison que l'omission du mot suzeraineté avait été intentionnelle et avait eu pour but de leur assurer leur pleine indépendance ; lord Derby, d'ailleurs, s'est expliqué devant la Chambre des lords, sur l'omission du mot suzeraineté dans la convention de 1884 : « Nous nous sommes abstenus de nous servir de ce mot, a-t-il déclaré, parce qu'il n'est pas susceptible d'une définition juridique et parce qu'il nous a paru que ce terme pouvait nous mener à de fausses conceptions et à des malentendus ». Quant au résultat de l'acte qu'il négociait, lord Derby le définit comme suit, aux délégués boërs : « Par l'omission des articles de la Convention de 1881 qui assignaient à Sa Majesté et aux résidents britanniques des pouvoirs et des fonctions spéciales relativement aux affaires intérieures et aux relations extérieures, le gouvernement du Transvaal sera laissé libre de gouverner le pays sans ingérence de l'Angleterre et ne sera sujet qu'aux obligations contenues dans l'article 4 du nouveau projet d'après lequel tout traité conclu avec un Etat étranger ne recevra son effet que s'il est approuvé par la reine ». Le ministre des Colonies déclara également aux lords qu'il avait conservé la substance de la convention de 1881, et expliqua qu'il entendait par là « un pouvoir de contrôle, nous donnant le droit de veto sur les traités avec les puissances étrangères ». Il existe une pièce plus décisive encore : elle prouve que le mot litigieux a été omis par des négociateurs, désireux réellement de supprimer le mot et la chose. C'est une pièce imprimée, présentée aux délégués du Transvaal par lord Derby, et indiquant, sur le texte même de la convention de 1881, les modifications qu'il entendait y apporter et les clauses qu'il tenait à conserver. On y voit que le ministre des Colonies a proposé précisément de supprimer le préambule qu'invoque M. Chamberlain ainsi que tous les passages relatifs à la suzeraineté ; et, de fait, ils n'ont pas été insérés dans la nouvelle convention. D'ailleurs, il serait inexplicable qu'après la victoire de Majuba-Hill, un traité eût pu être signé, s'il n'avait favorisé les Boërs ; et jamais ceux-ci n'auraient consenti la convention de 1884, s'ils n'avaient pensé, qu'en le faisant, ils recueillaient le fruit de leur héroïque révolte. Ainsi donc, insolente prétention, Majuba-Hill eut été un succès pour l'Angleterre, et ses désastres mêmes eussent servi à son accroissement ! Les limites que l'Angleterre avait fixées au Transvaal, en matière d'alliances, ne pouvaient constituer qu'une simple sauvegarde pour ses intérêts dans cette partie de l'Afrique, que l'extension possible de la puissance des Boërs aurait pu léser un jour. Le gouvernement britannique a donc bien entendu, en 1884, abroger la suzeraineté de 1881 ; il l'a fait parce que les Boërs, dit-on, lui causaient des difficultés disproportionnées avec la valeur économique de leur pays. Peu importe le motif de l'abrogation : ce qu'il est essentiel de constater, c'est que, par la convention de Londres, le Transvaal reprenait son indépendance et était appelé à jouir de toutes les prérogatives attachées aux États libres. La République Sud-Africaine devait désormais vivre à l'ombre tutélaire du droit international, vivre sans chaînes, sans contrôle intérieur et lorsque, après le raid du docteur Jameson, l'empereur d'Allemagne dépêchait ses félicitations au président du Transvaal, ce télégramme prenait une valeur historique, car il apportait à la République la confirmation d'une indépendance injustement violée. En s'immisçant dans les affaires intérieures de cette République, l'Angleterre violait donc ouvertement et le droit primordial que possède tout membre de la Société des nations de vivre à sa guise, et les termes de la Convention qui proclamait la souveraineté du Transvaal.

NOTE. — En ce qui concerne la question du préambule, que M. Chamberlain persistait à considérer comme sous-entendu dans la Convention de 1884, nous croyons devoir citer la réflexion suivante du président Krüger : « Il était important de prouver avant tout que l'introduction de la Convention de 1881, la seule où il fut parlé de la suzeraineté, était abrogée, car Chamberlain prétendait, précisément, que celle ci subsistait et demeurait par conséquent, en vigueur. Faisons un moment abstraction de ce fait établi que l'introduction figurait entourée d'un trait noir et était, par conséquent, abrogée ; mais il fallait alors admettre, pour que Chamberlain eût raison, qu'il y avait deux introductions libellées différemment pour une seule et même convention, hypothèse évidemment absurde ».

(*Mémoires*, p. 240, édition Félix Juven.)

CHAPITRE VI

CAUSES DE LA GUERRE

L'article XIV de la Convention de 1884 garantissait à tous les blancs, entr'autres droits, l'égalité devant l'impôt. Or, l'Angleterre, prenant prétexte d'une pétition (1), à elle adressée le 24 mars 1899 par 21.000 de ses nationaux établis au Transvaal, invita le Gouvernement de la République Sud-Africaine à modifier une législation dont l'état actuel, très préjudiciable aux importants et nombreux intérêts britanniques engagés au Transvaal, constituait, disait-elle, une violation du traité de 1884. Il n'entre pas dans notre sujet de discuter le bien ou le mal fondé des réclamations de l'Angleterre, mais nous croyons utile, pour l'intelligence des événements qui vont suivre, de donner un court aperçu des lois constitu-

---

(1) Il y a lieu de faire connaître que cette pétition fut combattue par 23.000 protestataires d'autres races et le Livre vert de la République donna les résultats d'une enquête établissant que, sur les 21,000 pétitionnaires Anglais, bon nombre étaient sous autorité et même fictifs.

tionnelles de la République Sud-Africaine, ce qui nous permettra de dégager la nature de l'immixtion anglaise dans les affaires intérieures de la République et de mettre sous son véritable jour la cause apparente du conflit anglo-boër.

La constitution du Transvaal confiait le pouvoir législatif à un parlement composé de deux Chambres : le *premier Volksraad* et le *Volksraad*. Les lois votées par le *Volksraad* n'étaient valables que si elles avaient été également votées par le *premier Volksraad*, ce qui conférait à cette deuxième assemblée une puissance législative supérieure à celle du *Volksraad*. Le pouvoir exécutif appartenait à un président assisté d'un Conseil.

Les membres du *premier Volksraad* étaient élus par les burghers de première classe et ne pouvaient être choisis que parmi eux ; les membres du *Volksraad* étaient nommés par les burghers de première et de deuxième classe. Les burghers de première classe comprenaient les habitants de race blanche établis sur le territoire de la République avant 1876 et ceux qui avaient combattu en 1881 contre les Anglais et les indigènes, ainsi que leurs enfants à partir de l'âge de 16 ans. Les Burghers de deuxième classe comprenaient les étrangers naturalisés et les enfants à partir de 16 ans. La naturalisation, pour les étrangers, était obtenue au bout de deux ans de séjour au Transvaal. Pour devenir Burgher de première classe, ce séjour était porté à douze ans.

Les Uitlanders (étrangers) ne pouvaient, par conséquent, avoir aucune influence électorale dans les affaires du pays, avant d'avoir passé, sur le sol de la République, un temps suffisamment long pour qu'on pût croire qu'ils avaient abandonné toute idée de retour dans leur patrie d'origine et adopté sincèrement leur nouvelle nationalité.

Il faut ajouter, néanmoins, pour être juste et pour tout mettre en lumière, que les Uitlanders constituaient la majorité dans le district de Johannesburg et que leur présence était une source de revenus considérables pour la République du Transvaal. Les Boërs, comme nous le savons, se livraient particulièrement à l'industrie agricole, avaient leurs fermes disséminées sur un immense territoire et étaient peu familiarisés avec les besoins de l'industrie minière. Les agglomérations des districts miniers n'étaient faites que d'étrangers (1), qui, disons-le, par contre, avaient mis en valeur les richesses du Transvaal, les accroissaient sans cesse, sans qu'au point de vue politique, ils pussent participer pour une part, en rapport avec leur importance, à la conduite des affaires publiques dont la prospérité était attachée cependant à la leur.

---

(1) La statistique de 1896 attribue à la région et à la ville de Johannesburg, une population de 102.078 âmes, se répartissant ainsi : 50.907 Européens, 12.533 indigènes, 5.759 Asiatiques, 2.879 divers. Les 50.907 Européens se décomposeront à leur tour : 16.256 Anglais, 15.162 coloniaux, 6.205 Burghers, 0.818 étrangers (Russes Allemands, Hollandais, Français, etc).

Si, d'autre part, on considère que la législation minière était plutôt dure pour les entreprises hardies des spéculateurs, et qu'elle établissait un système d'impôts de nature à décourager les Uitlanders, particulièrement les capitalistes anglais, on concevra facilement que ces derniers aient cherché à exercer des droits politiques correspondant aux charges fiscales auxquelles ils étaient soumis (1).

Ces droits politiques représentaient, d'après les Uitlanders, le seul moyen efficace de faire corriger la législation, dans un sens plus conforme à leurs intérêts qui étaient, disaient-ils, ceux même du pays.

Nous n'entreprendrons pas la discussion des doléances des Uitlanders, cela n'étant pas de notre domaine, mais nous avons cru devoir ouvrir cette parenthèse pour rendre hommage à la vérité et à la justice de ces revendications économiques.

On a vu, par le court exposé des principes constitutionnels de la République Sud-Africaine, toute l'importance que les Uitlanders attachaient à la question électorale et on comprend sans peine les démarches accomplies avec opiniâtreté pour avoir également accès dans les deux Volksraad. Nous ne nous étendrons pas sur les négociations qui,

---

(1) Le produit de ces taxes rapportait au Trésor, en 1895, 46 millions et dans le district de Johannesburg seulement, les Compagnies acquittaient pour 22 millions de licences.

à ce sujet, eurent lieu entre le Haut Commissaire du Cap, sir Milner et le Président Krüger d'abord, et, ensuite, entre ce dernier et le ministre des Colonies anglaises, M. Chamberlain.

L'historique de ces longs pourparlers, développé et commenté, au moment où ils étaient engagés, par les publicistes du monde entier, montre le souci constant, pour le Président de la petite république, d'épargner à son peuple les horreurs de la guerre et de conserver à son pays l'indépendance reconnue par l'acte officiel de 1884.

Voici, en résumé, les propositions faites de part et d'autre pour l'amélioration du sort politique des *Uitlanders*.

Dans une première conférence, qui eut lieu à Bloemfontein, durant l'été de 1899, sir Milner réclamait le droit de citoyen, pour les étrangers, à partir de la sixième année de séjour au Transvaal. M. Krüger répondit à cette proposition par les concessions suivantes :

1° Obligation pour les *Uitlanders* de faire connaître leur intention d'acquérir la naturalisation, six mois avant leur inscription sur les registres du field-cornett ;

2° Délai de deux années d'inscription sur ces registres avant d'obtenir la naturalisation ;

3° Délai de cinq ans, après naturalisation, avant de jouir de *tous les droits* du citoyen.

L'accord ne put avoir lieu.

Au cours de la même année, le Président Krüger soumit au parlement un projet de loi, sensiblement conforme aux précédentes propositions, qui accordait aux étrangers tous les droits de citoyen après sept années de séjour, sous la réserve de certaines formalités.

« Ce projet, qui fut voté, constituait une importante concession de la part du gouvernement Transvaalien, il diminuait un peu les délais contenus dans les propositions faites par le Président à Bloemfontein et supprimait certaines formalités. Bien qu'encore restrictif et ne donnant pas complètement satisfaction aux réclamations des étrangers, il fut bien accueilli par le Cabinet du Cap et considéré comme une mesure de justice, susceptible de perfectionnement dans le détail (1) ».

Le gouvernement anglais parut partager cette opinion, puis qu'il proposa de constituer une commission d'enquête, chargée d'étudier l'application de la nouvelle loi. Sans refuser formellement cette proposition, le Transvaal se montra hostile à une pareille mesure, qui pouvait créer un précédent dangereux en autorisant l'Angleterre à se mêler des affaires intérieures du pays. Cependant, il parut disposé à de nouvelles concessions et à simplifier encore les formalités de la naturalisation et, bientôt même, céda plus complètement en souscrivant aux conditions de sir Milner.

« Pour éviter un échec de ces nouvelles propositions, le texte en fut tout d'abord soumis offi-

(1) *The War in South Africa*, par J.-A. Hobson.

cieusement au Ministre des Colonies (anglais), la communication officielle ne devait être faite qu'après qu'on aurait reçu l'assurance d'une réponse favorable. En second lieu, il était entendu que ces propositions, si elles étaient faites, ne devaient pas être considérées comme une réponse favorable à la demande de réunion d'une Commission d'enquête et n'engageaient pas les droits du Transvaal sur cette dernière question. A la suite d'une réponse évasive de M. Chamberlain, M. Krüger se décida à envoyer ses dernières propositions.

Elles accordaient aux étrangers :

1° Le droit de citoyen après un séjour de cinq ans, comme le demandait sir Milner ;

2° Huit nouveaux sièges dans le premier Volksraad et, s'il était nécessaire, autant dans le deuxième Volksraad, réservés aux habitants du Witwatersrand, avec la garantie que la représentation de la population minière serait toujours au moins le quart de la représentation totale ;

3° Les nouveaux citoyens devaient avoir identiquement les mêmes droits que les anciens ;

4° Les conseils amicaux du gouvernement anglais, sur les points de détails, seraient pris en considération (1) ».

Le gouvernement transvaalien avait cru devoir ajouter à ces propositions les conditions qui suivent :

1° Que le gouvernement de la Reine reconnaî-

(1) G.-A. Hobson, *op cit.*

tra que son intervention actuelle ne constitue pas un précédent pour l'avenir, ce qui aurait pu être interprété comme un acte de souveraineté ;

2° Que l'Angleterre n'insistera plus sur la question de suzeraineté, les discussions sur ce sujet étant tacitement considérées comme closes ;

3° Que le droit à l'arbitrage (arbitrage d'où les éléments étrangers, autres que l'État libre d'Orange sont exclus) sera reconnu dès que la loi relative au droit de franchise de cinq années sera votée.

Dans un télégramme du 28 août, M. Chamberlain répondait, à peu près en ces termes, aux conditions du président Krüger :

1° L'Angleterre n'interviendrait que si les promesses faites aux Uitlanders n'étaient pas tenues ;

2° En ce qui a trait à la suzeraineté, prière de se reporter au second paragraphe de la dépêche du 13 juillet (1) ;

3° Le gouvernement de la Reine accepte de discuter la question de l'établissement d'un tribunal d'arbitrage dont les étrangers et l'influence étrangère sont exclus.

---

(1) Ce télégramme est une communication faite à Sir Milner, et était ainsi rédigé : « Le gouvernement anglais n'a pas l'intention de continuer à discuter cette question avec le Gouvernement de la République, dont la prétention à se considérer comme un État souverain, jouissant de relations internationales, n'est justifiée ni par les conventions ni par l'histoire et est tout à fait inadmissible ».

Lire, au sujet des prétentions anglaises, l'excellent article de M. Sévin Desplaces, paru dans la *Revue Bleue* du 27 mai 1899, p. 643.

L'Angleterre maintenait donc ses prétentions à la suzeraineté, à propos de laquelle, d'ailleurs, M. Chamberlain raisonnait mal. Ce n'était pas aux Boërs, en effet, à prouver leur indépendance et à la justifier, mais aux Anglais à établir leur suzeraineté, car, s'il en était autrement, la liberté des peuples serait sans cesse menacée et ceux-ci auraient fort à faire s'il leur fallait prouver leur liberté par les conventions et surtout par l'histoire. Notre observation se trouve corroborée par cette réponse du Dr Leyds, dans sa dépêche du 16 avril 1898, adressée à M. Chamberlain : « Comme la Convention de 1881 était expirée et remplacée par celle de 1884 où l'on reconnaissait seulement à la Grande-Bretagne quelques droits spécifiés et limités, sans qu'il fût le moins du monde question d'un self-government à attribuer à la République, il va de soi que le self-government de la République ne saurait provenir de la convention de 1881 ou de celle de 1884, mais exclusivement du droit inhérent à cette république comme Etat souverain et autonome (1) ».

L'immixtion de l'Angleterre était donc, à notre avis, contraire à l'esprit et à la lettre du traité de 1884 ; elle dépassait dès lors les bornes permises en matière de relations internationales, autrement dit elle violait ouvertement le Droit des Gens. Voilà ce que le monde entier a vu et

---

(1) *Livre vert de la République Sud-Africaine*, 1899, n° 5, p. 4 et 8.

compris au cours et au bout de toutes ces négociations.

En cherchant à donner à la guerre qu'elle allait entreprendre, l'apparence de la revendication d'un droit méconnu, l'Angleterre rendait hommage à la justice des bonnes causes. Le sentiment que cette puissance s'engageait dans une voie tortueuse était général et se traduisit, au moment où les ruses de cette diplomatie se dévoilèrent, par une longue série d'articles de revues et de journaux dans les deux mondes, et où l'Angleterre était sévèrement prise à partie.

« L'affaire du Transvaal, écrivait M. Hector Depasse, ne paraît pas grave seulement parce qu'elle met en jeu l'existence de deux petites républiques africaines et le destin d'une contrée intéressante et riche, quoique petite en étendue, ou parce qu'elle va agiter, par contre-coup, tout le problème africain, si complexe et si mal défini encore, mais parce qu'elle tend à ébranler les principes essentiels du Droit des Gens et les notions fondamentales sur lesquelles repose la société moderne (1) ».

« Lors des affaires de Finlande, disait M. Beaulieu, l'Angleterre, chose bizarre, fut la première à crier contre cette violation du Droit. A l'égard du Transvaal, la Presse russe, à son tour, est unanime.

Jamais on n'a vu une pareille ignominie, à l'en-

---

(1) *Revue Bleue*, n° 15, 7 septembre 1899, p. 471.

tendre. Hélas ! c'est l'éternelle histoire de la poutre et de la paille de la parabole évangélique (1) ».

En Angleterre même, toute la Presse ne suivait pas M. Chamberlain dans la voie où il s'était engagé. Ainsi, on pouvait lire dans le *Daily Chronicle* : « Faire la guerre au Transvaal, à propos de ce qui vient de se passer à Blœmfontein, serait une chose infâme, avons-nous dit hier.

Nous ne faisons que répéter ces mots avec plus d'insistance aujourd'hui. Il est grand temps que tous les bons Anglais voient clair dans cette affaire avant d'engager le nom de la Reine et d'arriver à une extrémité.

— Les gens qui écrivent dans le *Times* et dans d'autres journaux, que l'on peut considérer comme les porte-paroles d'un certain groupe de millionnaires sud-africains, font sonner à nos oreilles les mots de suzeraineté et de prédominance.

On dit beaucoup d'inepties à propos de la rupture de la Conférence et cependant la situation est assez claire. Les Boërs nous ont courageusement battus en défendant leur liberté. Grâce aux bévues de nos chefs militaires, nous avons essuyé des revers. Les Boërs sont libres chez eux. Un Etat peut, si cela lui plait et dans quelles conditions il lui plait, accorder des lettres de naturalisation aux étrangers. Il peut exiger ou ne

---

(1) *Revue Bleue*, n° 26, 23 décembre 1899, p. 804.

pas exiger, comme il l'entend, que ces étrangers, pour les obtenir, perdent leur première nationalité. Le président Krüger a consenti à ce que les Anglais puissent acquérir la naturalisation au Transvaal, sans perdre pour cela la qualité de sujets anglais. On ne peut pas, en bonne justice, lui demander davantage. Employer la force pour imposer au Transvaal d'autres exigences serait faire une chose absurde (1) ». Sur le même sujet, dans la *Westminster Gazette* :

« Au point de vue de la légalité et de la forme, le président Krüger n'est pas sorti de ses droits et il ne nous a fait aucunement affront en refusant de souscrire aux propositions de Sir Milner. Nous ne croyons pas, ensuite, que la situation présente des Uitlanders soit intolérable au point de nécessiter une intervention autre qu'une intervention diplomatique (1). » La *Pall Mall Gazette* engageait Chamberlain à temporiser et à « choisir pour la guerre un moment plus heureux. On ne peut raisonnablement déclarer la guerre au Transvaal pour la défense des Uitlanders, parce que si abominable que soit leur traitement dans ce pays, *la Convention de Londres n'est pas violée* (2) ». Le *Liverpool Mercury* allait plus loin : « Le Transvaal, après tout, est un Etat indépendant,

---

(1) Articles reproduits par les *Questions diplomatiques et coloniales* du 15 juin 1899, p. 246.

(2) Article reproduit par les *Questions diplomatiques et coloniales* du 1er juillet 1899, p. 312.

libre de régler ses affaires intérieures, comme il l'entend, même si ces règlements sont désagréables et peu sensés. Il y a en Russie ou en France beaucoup de choses de gouvernement que nous voudrions voir modifier, mais nous ne nous aviserions pas à nous immiscer dans les affaires de ces pays. La République Sud-Africaine a le droit d'être traitée de même. Nous avons promis de respecter l'indépendance du Transvaal ».

M. Chamberlain paraissait peu disposé à écouter ces conseils inspirés par la sagesse et la justice. D'autre part, après l'échec de la Conférence de Blœmfontein, la situation s'assombrissait et tout faisait prévoir une guerre prochaine.

Cependant les moyens pacifiques n'étaient pas épuisés et une solution pouvait encore être demandée à la sagesse désintéressée d'une juridiction arbitrale.

Le moment était donc arrivé pour les puissances signataires du Règlement de La Haye d'entrer en scène et de passer des paroles aux actes.

Les espérances conçues à ce sujet se sont-elles réalisées ?

CHAPITRE VII

L'ARBITRAGE ÉTAIT-IL POSSIBLE ?

Nous ferons observer tout d'abord, afin de préciser les conditions dans lesquelles la question se pose, que le Transvaal n'eut pas l'honneur de se faire représenter à la conférence de La Haye. L'Angleterre s'y opposa et fit même de cette opposition la condition sine quâ non de sa propre présence. Il y a donc lieu de faire abstraction pour le moment des prétentions, justes ou non, du Transvaal à une souveraineté que le gouvernement de la Reine lui contestait et nous bornerons nos efforts à savoir si, la question étant ainsi posée, le règlement de La Haye était susceptible de s'appliquer au conflit anglo-boër.

Cette mise à l'écart de la République Sud-Africaine laissait supposer qu'il existait entre cette dernière et l'Angleterre des liens particuliers dont la nature était à déterminer, et seulement par les deux pays intéressés. Il ne pouvait s'agir, par conséquent, en l'espèce, que des relations de suzerain à vassal et c'est à ce titre qu'il faut se demander si la Convention de La Haye ne disposait pas des moyens juridiques d'intervenir dans le différend qui nous occupe. Le problème à résoudre sera donc le suivant : Malgré de prétendus liens de vassalité, le Transvaal pouvait-il se prévaloir, personnellement, du principe d'appel à l'arbitrage, posé à La Haye ? La solution paraît devoir en être recherchée et dans l'examen des griefs invoqués par l'Angleterre, et dans les principes de haute humanité qui ont inspiré, manifestement, dans leurs travaux, les membres de la Conférence.

Que reprochait l'Angleterre au Transvaal ?

D'une manière générale, *une interprétation abusive du traité de 1884* et plus particulièrement *une législation intérieure très défavorable aux Uitlanders de sa race*, installés au Transvaal.

Les termes de l'article XVI du règlement de La Haye ne laissent aucun doute sur la possibilité de son application au conflit anglo-boër. « Dans les questions d'ordre juridique et, en premier lieu, dans les questions d'interprétation ou d'application des Conventions internationales, l'arbitrage est reconnu par les puissances signataires, comme le moyen le plus efficace et en même temps le plus équitable de régler les litiges qui n'ont pas été résolus par les voies diplomatiques » (Article XVI).

Or, il semble que, par leur caractère, les griefs formulés par le Gouvernement britannique appartenaient à cet emsemble de questions juridiques internationales dont la solution est généralement demandée à un tribunal d'arbitres. Il ne s'agissait, en effet, dans les deux espèces, que de préciser d'une part les rapports politiques découlant d'une Convention, et, d'autre part, et plus spécialement, de déterminer les limites des obligations imposées aux parties contractantes. « Refuser ici l'application du droit commun des nations c'est dire que l'on ne se résignera jamais à en supporter l'empire » (1).

Ainsi, la compétence *ratione materiæ* du tribunal de La Haye paraît n'être pas discutable.

Mais la difficulté se présente surtout au point de vue de la compétence *ratione personæ* et il faut alors, pour admettre cette compétence, s'adresser non plus à la lettre, mais à l'esprit du règlement de La Haye. Le lien de suzeraineté que l'Angleterre persistait à voir subsister dans la Convention de Londres, constituait, en définitive, le principal obstacle à la solution du conflit par l'arbitrage, l'acte de La Haye n'ayant été fait, comme le dit expressément son Article premier, que pour aplanir les différends entre nations. Si nous recherchons les causes qui ont provoqué la Conférence de La Haye, nous en trouverons une, que nous appellerons la cause par excellence, et qui n'est autre que le souci d'épargner à l'humanité les horreurs de la guerre. Ne serait-ce donc pas

(1) Pillet : *Revue Générale de Droit International public*, 1901, n° 1, p. 24.

enlever à cette pensée tout ce qu'elle comporte de noble et de généreux, que de chercher à en diminuer les conséquences pratiques, par l'interprétation trop littérale des textes ? De ce que le Transvaal était sous la dépendance anglaise, était-il possible de conclure qu'une guerre entre les deux pays serait moins funeste ? Les guerres civiles, qui mettent aux prises les enfants d'une même patrie, ne sont-elles pas, de ce chef, plus détestables et plus horribles parce que fratricides ?

On pourra objecter que les traités n'ont d'effet qu'entre les puissances contractantes. Cette objection, à notre avis, perd toute sa valeur quand il s'agit d'un cas ayant trait non plus à des intérêts particuliers que les Conventions internationales ont naturellement pour but de limiter en les précisant, mais de l'adoption de principes d'ordre général qui intéressent l'humanité. L'histoire n'est-elle pas là, d'ailleurs, pour témoigner qu'il ne saurait en être autrement. En condamnant la traite des noirs, en rendant libre la navigation des fleuves internationaux, en déclarant la neutralité de la Suisse, les grandes puissances, dans leurs Congrès, pouvaient-elles entendre limiter aux seuls signataires les effets des dispositions arrêtées ? Ces décisions n'ont-elles pas, au contraire, une portée générale qui engage les tiers comme les parties contractantes et les réserves, qui ont été faites à ce titre, n'ont voulu simplement qu'exprimer l'idée que les tiers ne sauraient invoquer le bénéfice des Conventions, qu'à charge de supporter le poids des obligations qu'elles entraînent.

Si donc, en droit strict, on pouvait élever des doutes sur la possibilité de l'arbitrage, en fait, rien ne s'opposait à ce que le conflit anglo-transvaalien fut ainsi résolu, et on ne peut que regretter que ce moyen pacifique n'ait pas été adopté.

Médiation

La question de l'arbitrage étant donc écartée, devait-on perdre tout espoir de régler pacifiquement le conflit et de trouver dans le Règlement de La Haye un dernier moyen d'éviter la guerre?

Les membres de la Conférence connaissaient trop le cœur humain pour s'arrêter à l'idée que l'appel à l'arbitrage mettrait fin à toutes les discussions, aplanirait toutes les difficultés. Aussi, dé l'arbitrage que les nations en litige auraient pu refuser, le Règlement de La Haye passa à la *médiation* qui n'est, en somme, que l'arbitrage offert par l'initiative des puissances étrangères au conflit.

« Le droit d'offrir les bons offices ou la médiation appartient aux puissances étrangères à un conflit, même pendant le cours des hostilités. L'exercice de ce droit ne peut jamais être considéré par l'une ou l'autre des parties en litige comme un acte peu amical. » *(Art. 3 de la Convention de La Haye.)*

Il y avait donc là une ressource suprême à exploiter, même après l'ouverture des hostilités, et l'on peut se demander si, en négligeant d'exercer un droit incontestable, les puissances n'ont pas perdu l'heureuse occasion d'affirmer solennellement l'efficacité des ententes internationales et fortifié ainsi ce dangereux esprit de défiance envers les gouvernants, qui tend à envahir l'Europe.

Mais l'intérêt même des puissances, à la voix duquel ces dernières paraissent avoir obéi, ne leur commandait-il pas d'essayer de tirer parti d'un texte dont les dispositions semblaient si bien faites pour encourager toutes les initiatives?

Qui peut dire, en effet, si les nations étrangères ne regretteront pas le temps des marchandages avantageux où l'occasion s'offrait à elles, soit de vendre la paix très cher aux Boërs, soit de l'acheter aux Anglais et de leur enlever, au prix d'un léger sacrifice, la possession totale du Sud-Africain ?

Quoiqu'il en fût, personne ne bougea, sauf la Hollande dont la faible voix, d'ailleurs, resta sans écho, et on put voir, à la fin d'un siècle, réputé tout de progrès et de fraternité, la Force abandonner une fois encore le service du Droit.

CHAPITRE VIII

NATURE DE LA GUERRE

L'étude du traité de Prétoria nous a permis de connaître les rapports politiques qui, en 1881, unissaient le Transvaal à la Grande-Bretagne ; celle de la Convention de Londres nous a montré les changements apportés à ces relations et partant la nature des liens qui, depuis 1884, attachaient la République Sud-Africaine au Royaume-Uni.

La connaissance du dernier traité nous a amené à conclure qu'il existait entre les deux Etats des droits et des obligations réciproques, rentrant dans la catégorie des conventions générales entre peuples libres, et que le veto de l'article IV ne pouvait suffire à faire de l'Angleterre la suzeraine du Transvaal. Nous allons, d'ailleurs, essayer de le démontrer.

Et d'abord qu'entend-on par un Etat vassal ou protégé ? L'Etat de cette sorte est celui qui a aliéné l'exercice d'une partie de la souveraineté interne ou même externe, au profit d'un autre Etat appelé suzerain ou protecteur. Mais cette subordination est générale et constitue plutôt une tutelle inconciliable avec la situation politique que créait au Transvaal la Convention de Londres de 1884. Aux termes de ce traité, la République Sud-Africaine jouissait de l'autonomie absolue dans ses affaires intérieures. Et quant à la souveraineté extérieure, qui est la caractéristique des Etats libres, pouvait-on dire qu'elle n'existait pas ? La limite, plutôt apparente que réelle, à cette souveraineté, que fixait l'article IV déjà cité, ne tarde pas à disparaître, si l'on veut bien remarquer que le veto de l'Angleterre ne devait seulement se produire qu'après l'exercice même de cette souveraineté.

Et, d'autre part, un veto qui n'est opposé que dans les conditions stipulées par le traité de Londres, ne peut, à notre avis, être considéré comme une entrave générale à l'exercice de la souveraineté extérieure d'un peuple. L'Angleterre ne devant intervenir qu'au cas où le traité conclu par le Transvaal avec certaines puissances serait contraire à ses intérêts, a tout simplement pris, en l'espèce, une mesure de sauvegarde pour ces mêmes intérêts, sans que cette intervention conventionnelle puisse représenter pour le Gouvernement britannique, un droit général de souveraineté sur la République Sud-Africaine.

« Il est permis, dit M. Rivier (1), de poser en règle que le mi-souverain (autrement dit le vas-

---

(1) *Principes du Droit des Gens*, tome Ier, page 82.

sal), est privé du droit de légation actif et que le passif lui est également refusé. » Etait-ce le cas du Transvaal ? Assurément non, car il avait des représentants accrédités presque partout, en Europe et en Amérique.

En règle générale, dit le même auteur, le mi-souverain n'a pas le droit de guerre offensive. Or, le Transvaal jouissait de ce droit.

Il est de règle également que l'état souverain soit, dans une certaine mesure, responsable des actes de l'état vassal. Une disposition semblable existait-elle dans la Convention de Londres ? Nous ferons valoir, en outre, que la conclusion d'un traité crée toujours des avantages réciproques pour les parties contractantes et le Transvaal, par la Convention de Londres, a entendu recouvrer son indépendance, contre l'assurance donnée à l'Angleterre sous forme d'un veto, de ne signer avec des puissances étrangères aucun traité qui put léser les intérêts anglais dans l'Afrique Australe. Et le fait même que le traité de 1884 ne comportait aucune clause relative à une guerre possible entre les Etats contractants, ne paraissait-il pas indiquer l'intention, de part et d'autre, de s'en rapporter, le cas échéant, aux règles générales du Droit International. D'autre part, l'alliance conclue entre le Transvaal et l'Etat libre d'Orange, qui n'avait aucune attache avec la Grande-Bretagne, alliance prévue par la Convention de Londres, semblait démontrer qu'un conflit entre l'Angleterre et l'un des deux Etats alliés devait être considéré comme éclatant entre nations également indépendantes. Par sa signature, en effet, l'Angleterre ne reconnaissait-elle pas implicitement la possibilité pour les deux peuples de s'unir contre un agresseur éventuel, fût-ce contre le puissant empire britannique lui-même. Et enfin, à supposer que le Transvaal fut vassal ou protégé de l'Angleterre, la guerre surgissant dans ces conditions n'est-elle pas internationale ? Car, en définitive, les rapports entre Etats vassal et suzerain sont réglés par un traité et la guerre n'éclate jamais que parce que l'un des Etats contractants déclare répudier ses engagements dont l'existence ne pouvait faire disparaître son individualité internationale.

Nous concluerons, par conséquent, que le conflit anglo-boër survenait entre deux nations souveraines, et qu'il s'agissait, non pas d'une rébellion, mais d'une guerre internationale soumise, de ce chef, à toutes les règles qui régissent la matière. On devine tout l'intérêt qui s'attache à déterminer la nature de la guerre Sud-Africaine. La solution de cette question intéresse plus particulièrement les puissances étrangères au conflit et dont l'attitude variera, juridiquement, suivant que la guerre se fera de souverain à vassal ou entre Etats indépendants. Dans le premier cas, il ne s'agira, en effet, que d'une brouille de famille dans laquelle les puissances n'ont rien à voir, sont simples personnes tierces, tandis que dans le dernier cas, au contraire, les puissances sont pour ainsi dire intéressées à la lutte, qui entraîne pour ces dernières des droits et des devoirs tracés par les Règles de la neutralité.

Au début de la guerre, l'Angleterre avait laissé entendre qu'elle voulait réprimer seulement une insurrection, mais elle changea sa manière de voir au cours des hostilités. Quels furent les motifs de ces tergiversations ? En parlant d'insurrection, l'Angleterre empêchait les nations étrangères de s'intéresser au conflit, prévenant ainsi toute tentative de médiation ou d'arbitrage et restait maîtresse de régler la question à sa guise. Les avantages attachés à cette conception avaient frappé le gouvernement anglais tout d'abord, et le discours de la Reine, au moment de la dissolution du Parlement, semblait faire croire qu'elle était disposée à traiter les Boërs autrement qu'en révoltés. Mais, d'un autre côté, cette attitude limitait les moyens d'action de l'Angleterre, qui ne pouvait exercer sur les relations extérieures des Boërs un contrôle et une surveillance que dans les limites de sa souveraineté ; c'est-à-dire que la mer libre échappait ainsi à cette surveillance, continuant à être la voie tranquille du commerce mondial, ce qu'elle ne voulait à aucun prix. Aussi, l'Angleterre, toujours pratique, devait attendre la première occasion de changer sa manière de voir et de mieux l'adapter à ses intérêts. Ce changement d'attitude eut lieu le 13 novembre 1899, dans les conditions suivantes :

Un navire français (*le Cordoba*) fut arrêté à

cette date, par un croiseur anglais, en dehors des eaux britanniques, comme soupçonné de transporter de la contrebande de guerre. Le gouvernement français protesta et fit remarquer que l'Angleterre, par son attitude, paraissait avoir voulu régler une question d'ordre intérieur, et ne pas donner à la guerre un caractère international. Le Cabinet de Londres soutint le contraire et pour éviter, à l'avenir, toute interprétation et toute difficulté de ce genre, il s'empressa de notifier, à la fin de novembre, à toutes les puissances, l'état de guerre internationale qui devait, dit M. Despagnet (1), entraîner les effets de droit commun à l'égard des neutres, notamment quant à la répression de la contrebande de guerre.

La question était donc définitivement tranchée et il ne nous reste plus qu'à étudier les événements qui vont suivre, à la lumière exclusive de cette conception nouvelle de la guerre Sud-Africaine.

---

(1) *La Guerre Sud-Africaine*, p. 95. Pedone, 1902.

DEUXIÈME PARTIE

Relations entre les belligérants

CONSIDÉRATIONS GÉNÉRALES

Lorsque la lutte s'ouvrit, il semblait qu'elle ne pouvait être longue et personne ne supposait que la parole du Président Krüger : « Nous étonnerons le monde », devait être si précise et si littérale et que celle de Bismarck : « La Puissance de l'Angleterre trouvera son tombeau dans le Sud de l'Afrique », devait être si près de se vérifier.

La lutte fut longue, en effet, et acharnée, et il ne faut donc pas songer à faire tenir, dans les étroites limites de cette étude, tous les faits relatifs à la violation du droit des personnes ou du respect dû aux propriétés privées. Nous serons obligé de choisir. Tout ce qu'on a raconté sur la guerre au cours des hostilités, tout ce qui se trouve dans les mémoires du Président Krüger ou du général de Wet, dans une foule de récits publiés en France, en Allemagne, en Hollande et ailleurs, tout cela remplirait plusieurs volumes.

Nous nous sommes attaché, surtout, à mettre en lumière les faits principaux qui intéressent directement le Droit des Gens. Nous avons employé la division la plus simple ; nous parlerons d'abord des personnes ; ensuite des choses, et nous ferons entrer toutes nos observations sous ces deux titres. Nous avons évité de multiplier les subdivisions, mais nous ne nous sommes pas interdit de donner les détails les plus circonstanciés, quand cela était nécessaire pour fixer les responsabilités ou quand on ne pouvait les supprimer sans enlever au récit son caractère et sa signification morale.

CHAPITRE I

Ouverture des hostilités. Combattants

« Entre les sociétés, a dit Montesquieu, le droit de défense naturelle entraîne quelquefois la nécessité d'attaquer, lorsqu'un peuple voit qu'une plus longue paix en mettrait un autre en état de le détruire et que l'attaque est, dans ce moment, le seul moyen d'empêcher cette destruction. Il suit de là que les petites sociétés ont plus souvent le droit de faire la guerre que les grandes, parce qu'elles sont plus souvent dans le cas de craindre d'être détruites (1) ». C'était le cas du Transvaal dont l'initiative, patriotiquement belliqueuse, s'imposait, surtout en présence d'un adversaire aussi redoutable que celui que les Boërs étaient appelés à combattre.

Et, d'ailleurs, peut-on dire que l'ultimatum de la République Sud-Africaine ne constituait pas une déclaration de guerre? Qu'est-ce qu'un ultimatum, sinon une déclaration de guerre conditionnelle?

---

(1) *Esprit des Lois.* - Livre X, chap. II.

Du moment que l'un des États en conflit manifeste nettement à l'autre son intention de recourir à la force, si certaines conditions ne sont pas acceptées dans un délai donné, il ne saurait y avoir de surprise pour personne, et on ne pourrait considérer la guerre, survenant après l'ultimatum, comme engagée sans déclaration. Autrement dit, la déclaration de guerre peut revêtir différentes formes, pourvu qu'on y rencontre la volonté ferme d'ouvrir les hostilités, en cas d'insuccès des dernières propositions faites. L'ultimatum des Boërs remplissait cette condition essentielle et on ne saurait, par conséquent, faire grief à ces derniers d'avoir négligé les formes solennelles de la déclaration de guerre dont la nécessité ne se fait plus sentir aujourd'hui. Dans les temps modernes, en effet, les périodes de tension politique sont suffisamment longues pour attirer sur les litiges internationaux l'attention générale et donner aux neutres le temps de prendre toutes les mesures commandées par leurs intérêts. Quant aux étrangers et aux nationaux des belligérants résidant en pays ennemi, la déclaration importe peu, à notre avis : leur situation pour le cas de guerre est, en général, fixée dès le temps de paix, et à supposer qu'il n'existât aucune prévision de ce genre, quel obstacle pourrait se présenter à l'adoption de mesures de circonstance, à l'ouverture seulement des hostilités ?

Il y a lieu de remarquer que l'ultimatum des Boërs n'est pas unique dans l'histoire et que le Transvaal n'a fait que consacrer une règle en usage de nos jours. « On admet, dit M. Rivier (1), et l'usage en est très fréquent aujourd'hui, la déclaration de guerre éventuelle, sous forme d'ultimatum. » « De nos jours, écrit M. Pillet (2), on peut dire que nulle pratique constante n'existe sur ce point. Parmi les guerres qui ont ensanglanté le dix-neuvième siècle, il en est qui ont été précédées d'une déclaration, tandis que d'autres ont été engagées sans préliminaires d'aucun genre ; la Grande-Bretagne, notamment, a pratiqué ce dernier système, soit dans la guerre contre les États-Unis, en 1812, soit vis-à-vis de l'Espagne, en 1804, et du Danemark, en 1807. » Les citations qui précèdent paraissent démontrer suffisamment que l'usage de la déclaration de guerre n'est pas une véritable obligation du Droit des Gens, usage auquel les Boërs, par conséquent, n'étaient pas tenus de se conformer.

Effets de la déclaration de guerre

L'ultimatum des Boërs étant resté sans réponse, les hostilités étaient donc virtuellement ouvertes, et l'état de guerre allait engendrer, de part et d'autre, tous les effets qui en étaient les conséquences naturelles.

(1) *Op. cit.*, tome II, p. 222.
(2) *Le Droit de la guerre*, p. 88.

La République d'Orange, qu'un traité défensif unissait au Transvaal, prenait les armes pour la défense de son alliée, et le président Steijn de l'Etat libre ordonnait à ses Burghers de se lever « comme un seul homme contre l'oppresseur et le violateur du Droit ».

L'expulsion des Anglais résidant au Transvaal et dans la République d'Orange fut, en principe, immédiatement prononcée, mais, en fait, elle ne se produisit que quand les circonstances la rendaient indispensable. Les Boërs paraissent avoir mis dans l'adoption de cette mesure toute la sagesse désirable, ainsi que le prouve la communication du président Krüger, publiée dans les journaux de Londres, à la date du 2 mai 1900 : « Comme un grand nombre de Burghers insistent pour que les sujets anglais soient conduits au delà de la frontière, et que le gouvernement est désireux de faire droit à leur désir et à celui de ceux qui sont favorables à la République, nous, Stéphanus-Johannès-Paulus Krüger, déclarons par la présente que tous les sujets anglais résidant dans le district ou ville de Prétoria, ou dans les champs d'or du Witwaters-Rand, devront quitter l'Etat dans les trente-six heures, à compter du 30 avril, à midi, à l'exception de ceux d'entre eux qui pourraient être autorisés par le gouvernement à continuer à résider dans le pays, sur la recommandation des différents Commandos locaux ».

Le Gouvernement anglais, de son côté, usa du droit d'expulser les étrangers dont la présence, sur les territoires de la Reine, lui paraissait dangereuse, mais paraît n'avoir voulu user de ce droit que dans les limites d'une stricte nécessité. C'est ce qui semble ressortir des paroles suivantes, prononcées le 23 novembre 1900, au Reichstag allemand, par le baron Richtofen, sous-secrétaire d'Etat aux Affaires Etrangères : « Nous sommes obligés de considérer comme conforme au Droit des Gens la mesure que le Gouvernement anglais a prise en éloignant du théâtre de la guerre les étrangers dont certains faits justifiaient l'expulsion ; mais nous avons pris énergiquement la défense de ceux qui étaient expulsés sans motif suffisant ou avec une dureté que les circonstances n'exigeaient pas. Nous avons demandé des indemnités au Gouvernement anglais, il nous a répondu qu'il était disposé à en accorder aux personnes qui avaient été expulsées d'une façon non justifiée. Des négociations ont lieu actuellement entre les deux gouvernements, en vue de la fixation de ces indemnités. Nous maintiendrons aussi les intérêts de ceux de nos nationaux qui ne peuvent pas appuyer leurs demandes d'indemnité sur des preuves ; mais, dans ce cas, la fixation de l'indemnité sera naturellement plus difficile ».

CHAPITRE II

PERSONNES

GÉNÉRALITÉS. — Au début de toute guerre, la distinction des personnes en combattants et en non combattants est du plus grand intérêt, car elle permet de fixer le cadre dans lequel pourront se mouvoir les belligérants et de déterminer les responsabilités juridiques pour qui tenterait d'en sortir.

La guerre, comme le dit J.-J. Rousseau, est une relation d'Etat à Etat, chacun d'eux officiellement représenté par des forces régulières, organisées dès le temps de paix. Il s'en suit donc que tout ce qui n'est pas incorporé à ces forces doit rester à l'écart de la lutte et continuer à vivre sous la protection des lois ordinaires de son pays, lois que le vainqueur lui-même sera tenu d'appliquer, tant qu'un traité quelconque n'aura pas changé les conditions juridiques du peuple vaincu. Procéder différemment et faire application des lois de la guerre à des êtres inoffensifs, étrangers aux hostilités, serait contraire non seulement aux règles primordiales du Droit des Gens, mais à la morale naturelle, qui forme la base la plus solide et la plus respectable de ce droit.

La distinction entre les personnes a comme corollaire celle des biens, d'où nécessité juridique de varier les traitements, suivant qu'il s'agira de la chose publique ou de la propriété privée. Et cependant la justice et l'humanité de ces principes n'auront pas toujours triomphé dans la guerre de l'Afrique Australe et on verra souvent, au cours de la campagne, la confusion voulue ou non des personnes et des choses.

Le sort des armes peut faire passer le combattant par des états successifs dont la nature doit entraîner, en principe du moins, un changement complet dans les rapports des belligérants. Si le combattant, en effet, reste justement exposé aux rigueurs de la guerre, tant qu'il est en état de se battre, il ne saurait plus en être de même, dès que ce soldat sera blessé ou fait prisonnier. Il entre, à ce moment, dans une catégorie spéciale dont le traitement juridique a été déterminé par des conventions internationales.

La situation intéressante de l'homme blessé ou fait prisonnier a réuni les nations civilisées dans un accord sans exemple. Il n'existe, au sujet du traitement à appliquer aux blessés et aux prisonniers, aucune équivoque, aucune dissidence que les belligérants pourraient invoquer, au cas où ces principes de haute humanité auraient pu être transgressés.

Section I

Belligérants réguliers

La guerre Sud-Africaine allait mettre aux prises deux peuples dont l'organisation militaire différait essentiellement l'une de l'autre et mettre de nouveau en relief une question que les Conférences de Bruxelles de 1874 et de La Haye de 1899 ne paraissent avoir résolues qu'avec beaucoup de difficultés. Nous voulons parler de la *levée en masse.*

Si les grandes puissances, avec leurs non moins puissantes armées permanentes ont intérêt à étendre le plus possible les conditions requises pour que les combattants soient traités en belligérants réguliers, il n'en est plus de même des États de second ordre dont les ressources économiques ou autres ne permettent pas l'entretien de grandes armées et qui, de ce fait, ne comptent, au jour du danger, que sur le concours patriotique de tous leurs citoyens. Cette opposition de vues se traduisit en discussions très vives à Bruxelles et à La Haye. Le délégué britannique, en particulier, prit en mains la cause des nations faibles et chercha à faire « consacrer le droit qui appartient à la population d'un pays envahi de remplir son devoir, d'opposer aux envahisseurs, par tous les moyens licites, la résistance patriotique la plus énergique ». Il est bon d'ajouter, cependant, que l'intervention de sir Hardagh n'était point tout à fait désintéressée, car l'Angleterre, dont toute la sollicitude s'adresse à l'armée navale, n'entretient presque pas de forces de terre. Quoiqu'il en fût, la défense énergique du délégué anglais ne put prévaloir sur l'opinion générale et l'article II du règlement de La Haye fut ainsi libellé : « La population d'un territoire non occupé qui, à l'approche de l'ennemi, prend spontanément les armes pour combattre les troupes d'invasion sans avoir eu le temps de s'organiser conformément à l'article 1er, sera considérée comme belligérante si elle respecte les lois et coutumes de la guerre ». Toutefois les membres de la Conférence ne voulurent point faire échec complet aux propositions de la minorité qui demandait les droits de belligérants pour les habitants qui combattent, afin de repousser l'invasion de leur pays *déjà occupé*. Sur la proposition de M. de Martens, on introduisit donc dans le préambule de la Convention relative aux lois de la guerre, que dans les cas non prévus par le règlement annexé à la dite Convention, « les populations et les belligérants restent sous la sauvegarde et sous l'empire du Droit des Gens tel qu'il résulte des usages établis entre nations civilisées, des lois de l'humanité et des exigences de la conscience publique. Les puissances déclarent que c'est dans ce sens que doivent s'entendre notamment les articles 1 et 2 du règlement adopté ». C'était laisser par conséquent les nations belligérantes seules juges de donner à la question de la levée en masse une solution de leur choix. On aurait pu croire, après les vives protestations du délégué anglais, que le gouvernement britannique aurait mis en pratique, dans ses rapports avec ses ennemis du Transvaal, les principes qu'elle avait énergiquement soutenus à La Haye. Le contraire eut lieu malheureusement et Lord Roberts affirma cette attitude dans sa proclamation N° 12, du 14 août 1900, et dans laquelle le Généralissime contestait aux habitants des districts occupés le droit de prendre les armes pour la défense du territoire national. En répondant à l'appel de la patrie, les Boërs ne faisaient cependant qu'obéir à la loi de recrutement de leur pays (1), et loin de combattre en irréguliers, comme auraient pu le faire supposer les conditions hâtives d'une levée en masse, les républicains, au

---

(1) Cette loi leur prescrivait, de 16 à 60 ans, d'être à tout instant prêts à combattre pour la patrie. Ils devaient, au moment de l'appel, fournir un cheval, une selle, un harnais, un fusil et trente cartouches, enfin, des vivres pour huit jours. Les trente cartouches pouvaient être remplacées par un nombre égal de capsules, de balles et un demi kilogramme de poudre. En ce qui concerne les victuailles, la loi n'en fixait ni l'espèce ni la quantité ; mais il était d'usage qu'elles fussent composées de viande sèche, coupée en tranches, salée et poivrée, de saucisses et de pain.

D'autre part, à la date du 15 janvier 1900, le Président Krüger lançait une proclamation appelant tous les hommes encore disponibles sous les armes et, au mois de mars suivant, le Président de l'Etat libre d'Orange faisait le même appel à ses concitoyens, déclarant traîtres à la patrie tous ceux qui favoriseraient les Anglais d'une façon quelconque.

contraire, donnèrent à cette organisation rapide tous les caractères exigés par l'article Ier du Règlement de La Haye :

En se rangeant, par commando, sous les ordres d'un field Cornet, chef responsable ;

En se conformant dans toutes leurs opérations aux lois et coutumes de la guerre ;

En combattant ouvertement ;

En ayant un signe distinctif qui n'était autre que cet uniforme devenu si vite légendaire.

Il faut reconnaître, néanmoins, que, malgré la marge du préambule, le Règlement de La Haye était formel, et, qu'en ne reconnaissant pas aux Boërs le droit de se lever en masse dans les territoires occupés par elle, l'Angleterre s'enfermait strictement dans les limites juridiques de l'article II.

Section II

Auxiliaires sauvages

Il est universellement admis, à défaut de prescription positive dans le droit international, qu'on ne saurait adjoindre aux troupes régulières des éléments sauvages, incapables de comprendre et, encore bien moins, d'appliquer les lois de la guerre.

Or, l'Angleterre n'a pas hésité à contrevenir à ces principes, qu'aucun texte juridique n'impose, il faut le reconnaître.

L'Illustrated London News, organe d'origine anglaise, a reproduit, le 27 janvier 1900, des photographies reçues de Rhodesia, dont l'une représente des Cafres armés avec la légende : « Un groupe des mille soldats entraînés, fourni par le chef Kama et combattant maintenant avec nous ». Le même fait est rapporté dans la proclamation du 14 janvier 1900, de de Wet et Steijn. Le *Times* publie également, le 28 décembre de la même année, par un télégramme de Wellington annonçant que cent Maoris figuraient dans le sixième contingent de la Nouvelle-Zélande, pour la guerre Sud-Africaine, aux frais du gouvernement anglais.

On lit enfin, dans la *Revue Bleue* (1), sous la signature de Théron, qu'en sortant de Taungs, les Anglais avaient pris avec eux 800 naturels (Cafres et Hottentots) auxquels ils commandèrent de piller toutes les fermes, leur promettant qu'ils auraient toutes les possessions des Boërs et même leur bétail.

Si l'emploi de tels auxiliaires n'est pas *précisément* antijuridique, il constitue, par contre, un véritable crime de lèse-humanité.

Hordes sauvages, n'obéissant qu'aux plus basses inspirations de l'instinct, ces troupes irrégulières, que nulle discipline, nulle morale ne sau-

(1) *Année 1901*, tome 15, p. 214

raient arrêter dans leur œuvre sanguinaire, ne peuvent être assimilées à nos turcos, soldats de carrière, que quarante années de contact avec leurs vainqueurs avaient, en les civilisant, placés au rang de nos troupes les plus régulières et les plus disciplinées. Ainsi tombe toute l'objection qui pourrait nous être faite sur la participation à la guerre franco-allemande des éléments indigènes de l'Algérie (1).

Section III

Balles explosibles

Le but de la guerre étant d'obtenir par la force ce que le droit, en principe du moins, n'a pu imposer, il résulte qu'on devrait limiter à cette nécessité les exigences de la guerre.

Il en est des luttes entre nations comme d'un combat singulier. Quand deux champions sont

---

(1) La question de l'emploi des sauvages indigènes, comme auxiliaires armés, a été encore soulevée à propos de la défaite du régiment de Lincolnshire pris par les Boërs dans une embuscade à la passe de Magalesberg, le 10 juillet 1900.

Le rapport de source anglaise sur cet événement affirme, bien que la chose soit peu vraisemblable, que des indigènes armés sommèrent des soldats et des officiers britanniques de se rendre. (*Journal des Débats* du 14 juillet 1900).

aux prises et que l'un des deux a mis l'autre dans l'impossibilité de se défendre, le vainqueur dicte ses conditions, sans éprouver le besoin, pour arriver à ce résultat, de mettre à mort le champion malheureux. A la guerre, les choses se passent de même façon. De part et d'autre, on cherche, par l'amoindrissement des forces adverses, à rester vainqueur et à imposer, par suite, sa volonté à un ennemi épuisé. Et ce but sera atteint, quand les blessures, produites par les armes de guerre, se borneront à mettre, pour un temps plus ou moins long, un adversaire hors de combat. Aggraver ces blessures à dessein, ou rendre les armes plus meurtrières, serait aller à l'encontre du but qu'on se propose, en même temps qu'on violerait les lois les plus naturelles de l'humanité. Aussi, les peuples civilisés l'ont très bien compris et ont transformé cette obligation morale en loi positive. Nous lisons, en effet, dans la déclaration contenue dans l'acte final du 29 juillet 1899 que « les puissances contractantes s'interdisent l'emploi de balles qui s'épanouissent ou s'aplatissent facilement dans le corps humain, telles que les balles à enveloppe dure dont l'enveloppe ne couvrirait pas entièrement le noyau ou serait pourvue d'incisions ».

Malgré l'affirmation de M. Wyndham, secrétaire particulier pour la guerre, que le *War Office* avait interdit l'usage des balles *dum-dum*, et malgré l'assurance donnée par MM. Hamilton et Balfour, qu'on allait chercher un autre projectile, il semble ressortir de toutes les enquêtes faites à ce sujet, que la balle incriminée a été fréquemment employée par les Anglais, pendant la guerre Sud-Africaine. La même accusation a été portée contre les Boërs qui ont énergiquement protesté (1), et on verra, au cours de la présente discussion, que leurs protestations paraissent sincères.

Le docteur allemand Hildebrandt, médecin-major au régiment d'infanterie n° 74, qui a suivi les opérations, et notamment vu de près l'hôpital allemand de Jacobstal, donnait les renseignements suivants à *l'Allgemeine Militar Zeitung*, le 16 avril 1900 :

« Au commencement de la guerre, *on trouva dans les cartouchières des prisonniers anglais des cartouches avec projectiles à pointe creuse et à chemise métallique incomplète ; le docteur Hildebrandt n'a constaté toutefois qu'une seule blessure produite par une balle dite Dum-Dum, sur un sujet boër. Il a également constaté assez souvent, que des Boërs étaient armés de fusils Lee-Metford et avaient sur eux des cartouches avec projectiles à pointe creuse pris à des Anglais. Il n'a constaté aucune blessure produite par des Dum-Dum sur les sujets anglais.*

Dès le début des opérations, notamment en Natal, les Anglais possédaient beaucoup de balles Dum-Dum et s'en sont servi puisqu'on a trouvé

---

(1) Voir *Revue Générale de Droit International public*, 1901, n° 2, pages 109 et s.

sur les blessés et les prisonniers des cartouches de ce modèle.

Il n'en a plus été de même à l'arrivée de Lord Roberts.

Les Boërs n'ont jamais employé les projectiles Dum-Dum ; il y en avait des masses à Prétoria, mais on n'en a jamais distribué aux troupes ; s'ils en ont eu sur le champ de bataille, c'est qu'ils les avaient pris (fusils et munitions) *aux prisonniers anglais.*

J'ai vu des blessures, dit encore le correspondant, attribuées à des Dum-Dum, mais qui, en réalité, avaient été produites par des balles tirées *à courte* distance. »

Il est donc vraisemblable, concluent MM. Frocard et Painvin, à qui nous empruntons cette citation, que les balles expansives ont été employées accidentellement, mais jamais en vertu d'ordres généraux et réfléchis (1). » Tel n'est pas notre avis et nous dirons, au contraire, que s'il y a quelque chose de vraisemblable, c'est que le seul fait de distribuer ces cartouches, impliquait leur emploi éventuel et constituait, à lui seul, l'ordre le plus précis et le plus éloquent. Le général Joubert, dès le début des hostilités, signala, dans une protestation adressée le 18 octobre aux consuls étrangers résidant à Prétoria « l'emploi des Dum-Dum contre les armées républicaines ».

Les Transvaaliens semblent donc n'avoir pas

(1) *La Guerre du Transvaal*, p. 393.

menti lorsqu'ils ont déclaré, presque à la même date (1), avoir trouvé de ces projectiles dans le camp abandonné de *Glencoe*. Ils sollicitèrent alors du Président Krüger l'autorisation de retourner les Dum-Dum contre leurs adversaires, mais le Président aurait répondu qu'il ne permettrait pas *cette violation du Droit des Gens*. Il paraît avéré, d'autre part, qu'on préparait encore, à l'arsenal de Woolwich, d'importants envois de ces mêmes balles à destination de l'Afrique Australe (2). Ces projectiles furent plusieurs fois extraits du corps des soldats boërs, par exemple après le combat d'Elandslaagte (3). Le *Petit Bleu*, de Bruxelles, le 22 janvier, prétend avoir reçu de Prétoria quantité de lettres accompagnées d'un curieux document : l'échantillon, taché de sang et de boue des enveloppes de cartouches anglaises ramassées sur le champ de bataille de Nicholson-Neck, qui portait imprimés en lettres rouges, les mots : « Dum-Dum n° 2 », la marque de fabrique et l'indication du calibre des cartouches. Les meetings de Saint-Louis et de Minneapolis condamnèrent énergiquement, quelques jours après, l'emploi des balles Dum-Dum.

Le correspondant du *Times* à Mafeking adressait, le 26 Décembre, le même reproche aux Boërs

---

(1) Voir les journaux du 28 octobre.

(2) Voir entre autres journaux, la *Liberté* du 16 novembre.

(3) Voir la déclaration de l'adjudant P. R. Kock, faite sous la foi du serment, le 8 novembre, devant un juge de paix de Johannesburg, et publiée plus tard par les *Standard and Digger's News*.

qui, le fait est reconnu (1), ne se servaient que du fusil Mauser dont la balle, suivant l'aveu même de l'*Army and Navy Gazette*, est plus humaine dans ses effets, parce que son calibre est plus petit et sa vitesse plus grande.

« Un médecin-major de l'armée anglaise, dans un rapport adressé le 19 janvier à ses chefs sur les blessures reçues par les soldats anglais après un engagement sur les rives de la Tugela, répète encore que ces blessures sont aussi humaines que possible (2). »

Cette attitude de l'Angleterre avait ému le monde entier, fait naître une indignation générale dont l'explosion, toute platonique du reste, ne provoqua pas moins, de la part du gouvernement de la Reine, une note publiée dans les journaux du 13 janvier et par laquelle le monde civilisé était informé que l'Angleterre, par déférence envers la conférence de La Haye, décidait de ne plus fabriquer que des balles lisses sans cavité, n'éclatant pas.

Nous ne discuterons pas le reproche que les belligérants se sont adressé de part et d'autre, au sujet de l'emploi des obus à la lyddite, car ces explosifs, contrairement à certaines opinions, ne déterminent pas la mort par asphyxie. Les gaz

---

(1) Voir plus haut le récit du docteur Hildebrandt, donné par MM. Frocard et Painvin, p. 83.
(2) Arthur Desjardins, *Revue des Deux-Mondes*, mars-avril 1900, p. 48.

produits par la combustion des poudres sont chose fort naturelle et les obus en question ne sauraient être condamnés comme étant des projectiles *qui ont pour but unique* de répandre des gaz asphyxiants ou délétères, les seuls dont le Règlement de La Haye ait voulu interdire l'usage.

Nous croyons utile de donner sur les projectiles incriminés quelques détails que nous devons à l'obligeance d'un de nos camarades de l'armée, qui s'est spécialisé avec succès dans les questions de tir et d'armement.

Nous laissons donc la parole au capitaine Gaulier : « Les balles des armes actuelles, à grandes vitesses initiales sont formées d'un noyau en plomb durci à l'antimoine, comprimé dans une enveloppe de métal plus résistant. Le rôle de cette enveloppe est de rendre le projectile indéformable, malgré les hautes pressions qu'il doit supporter, et d'empêcher la fusion du plomb.

Les métaux employés pour sa fabrication sont le cuivre, l'acier et le maillechort.

Toutefois, dans un but bien différent, deux puissances n'ont pas adopté, pour leurs projectiles, l'enveloppe complète en métal résistant, ou en ont systématiquement préparé la rupture. Ce sont : l'Angleterre et la Suisse.

Si, d'une façon générale, les balles de petit calibre sont susceptibles de produire des blessures graves, il n'en est pas moins certain que les dimensions restreintes de ces blessures et l'absence relative de commotion résultant du faible poids du projectile, ont comme conséquence de permettre à l'homme atteint, de marcher, de combattre même pendant un certain temps encore avant de tomber. Dans les campagnes coloniales, où la lutte s'engage de près, contre des gens souvent fanatisés et en tout cas, peu sensibles à la souffrance, cet inconvénient est grave. C'est pour y remédier, qu'à la suite de déboires en Afrique et dans l'Inde, les Anglais ont adopté la balle dite *dum-dum*, tout d'abord utilisée pour la chasse au grand fauve par les officiers anglais.

Sous sa forme primitive, la balle *dum dum* n'est autre chose que l'ancienne balle réglementaire du fusil Lee-Metford, à enveloppe complète en maillechort, où celle-ci a été incisée de quatre traits longitudinaux sur sa partie ogivale. Elle a, depuis, subi diverses transformations. Dans certains modèles, l'enveloppe a été supprimée entièrement à la partie ogivale ; dans d'autres, au con-

Section IV

Parlementaires

Fides etiam hosti servanda (1) : Si le respect de la foi donnée, même à l'ennemi, s'imposait à un âge où les lois de l'humanité étaient à peine entrevues par quelques esprits d'élite, combien plus

---

(1) Ciceron : *De Officiis*, I, § 13.

traire, on s'est borné à forer à la pointe un trou cylindrique obturé ou non par une petite tige en laiton. Sous une forme ou sous une autre d'ailleurs, le but de ces diverses préparations est d'obtenir l'épanouissement du projectile au moment du choc contre un corps suffisamment résistant, d'augmenter ainsi son calibre, et par suite l'importance immédiate de la blessure.

Indépendamment des conséquences graves qu'a forcément pour le blessé le déchirement musculaire causé par un projectile aussi, irrégulièrement déformé, la mise à nu du plomb peut avoir pour effet la fusion d'une partie de celui-ci, au choc contre un objet métallique de l'uniforme, et la projection d'une nappe de plomb fondu suffisante pour produire une blessure comparable à celle due à une balle explosible. Ce sont d'ailleurs des phénomènes de ce genre qui, selon toute apparence, ont amené, en 1870, les deux partis à s'accuser mutuellement d'avoir employé des projectiles explosibles.

Pour des raisons tout autres, la Suisse a adopté un projectile qui n'est pas sans analogie avec la balle Dum-Dum.

L'indéformabilité du projectile entièrement blindé est telle que, tirée dans un fusil dont le canon est de calibre légèrement trop grand, elle ne prend pas la rayure, et perd, par suite, toutes ses qualités balistiques. La Suisse, en faisant usage d'un projectile de ce genre, eût été obligée à un renouvellement fréquent de son matériel, car ses miliciens, conservant leurs armes dans leurs foyers sont amenés, par suite d'un entretien habituel insuffisant, à leur faire subir, lorsque approche l'époque des périodes d'instruction, d'énergiques nettoyages dont l'effet est précisément un agrandisse-

doit-il être observé par les peuples modernes à qui la civilisation paraît avoir tout appris ?

De tout temps, la nécessité de certains rapports entre belligérants sur le champ même des hostilités, a été reconnue et ces relations se sont établies au moyen des *parlementaires*. D'où naissance de droits et de devoirs réciproques pour les belligérants : Droit au respect et à l'inviolabilité de la personne du parlementaire et de son escorte; *devoir corrélatif*, pour cet agent de communication, de ne pas abuser de sa mission et de ne pas la transformer en un service de renseignements militaires. Le parlementaire ne jouirait plus alors d'aucune immunité et s'exposerait, de ce fait, à toutes les rigueurs des lois sur l'espionnage.

Qu'a-t-on fait de ces principes au cours de la campagne Sud-Africaine ? Dans un rapport daté

---

ment du calibre. Aussi, la balle Suisse n'est cuirassée que sur sa partie ogivale.

La différence de densité, et aussi de résistance, qu'offrent, par suite les parties antérieure et postérieure du projectile, ont pour conséquence naturelle son écrasement, au moment du choc contre un corps suffisamment dur.

Dans des expériences comparatives de pénétration, on a constaté que tandis que la balle du fusil français traversait 90 centimètres de bois de sapin sans se déformer, les balles anglaise et suisse s'arrêtaient entre 23 et 30 centimètres et n'étaient plus guère alors que des lingots informes

On peut incidemment remarquer, en outre, que chemisé ou non, tout projectile animé des vitesses considérables que possèdent, même aux grandes distances, les projectiles modernes, produit, en pénétrant dans les viscères, plus ou moins remplis de liquides, de véritables phénomènes d'explosion dont l'opinion publique, insuffisamment avertie, peut attribuer les ravages aux effets des balles explosibles.

du 25 novembre (1), le général Joubert se plaint de l'abus du pavillon blanc fait par les Anglais ; ces derniers ont porté la même accusation contre les Boërs qui ont protesté. Il n'est donc pas possible, pour le moment, d'être affirmatif sur ce sujet et nous n'insisterons pas.

Section V

Blessés

Dès la plus haute antiquité, le sort des blessés militaires retint l'attention des peuples et les Romains, en particulier, traduisirent cette sollicitude pour les soldats blessés, par l'application de l'adage bien connu : *Hostes dum vulnerati fratres.*

A son apparition, le Christianisme, en propageant la foi nouvelle, devait répandre dans le monde cette maxime et substituer à l'égoïsme féroce des temps païens la charité évangélique. Mais si, à toutes les époques, la morale naturelle a prescrit à l'homme de porter secours à son

---

(1) Dépêche publiée le 10 novembre par le *War Office*.

semblable malade ou blessé, il ne pouvait être question d'introduire pareille obligation dans le droit des peuples, alors que la barbarie régnait encore en souveraine maîtresse. C'est ce qui explique l'abandon systématique des blessés militaires jusqu'à la fin du quinzième siècle. A partir de cette époque, les diverses puissances s'occupèrent de créer dans leurs armées un service de santé qui se développa au cours des siècles. En 1864, après une entente internationale, la Convention de Genève prenait naissance à son tour, couronnant ainsi tous les efforts particuliers de chaque puissance et dotant enfin l'humanité de la plus philanthropique des institutions. La Convention de Genève présente certes des lacunes qu'il appartient au progrès de combler, mais elle ne représente pas moins, de nos jours, la loi commune des peuples civilisés.

Nous ne traiterons point de l'organisation sanitaire des armées en campagne, la chose relevant du droit interne, particulier à chaque pays, mais il serait à souhaiter que cette question, d'un intérêt vraiment universel, fut confiée à l'étude d'une Commission internationale. Il paraît évident, en effet, que si les puissances ne cherchent qu'à recruter des combattants proprement dits, elles restreindront fatalement le personnel des différents services, délaisseront, par voie de conséquence logique, le matériel correspondant, et si, au cours d'une guerre, les combattants ne meurent pas de faim, ils courent le risque de périr misérablement, faute de ressources médicales.

D'autre part, si la Convention de Genève a passé sous silence la protection due aux soldats blessés sur le champ de bataille, c'est qu'il apparaissait à tous que semblable fait tombait naturellement sous l'application des pénalités ordinaires (1), prévues pour les délits de droit commun, et que le Droit International n'avait pas à intervenir dans une question qui, ainsi posée, était du même coup résolue.

La répression de semblables attentats est chose si naturelle, qu'un peuple qui se respecte et qui se dit civilisé, y procède spontanément, sans attendre la pression de l'indignation publique. Nous ne nous attarderons donc point à la discussion de faits qui n'offrent, d'ailleurs, aucun intérêt juridique, et auxquels les belligérants ont certainement donné la sanction que réclamaient l'humanité et la justice.

Il semble qu'il y ait pour le juriste, relativement à l'application de la Convention de Genève, un point plus intéressant à traiter. C'est celui du sort fait aux ambulances privées, organisées par des sociétés charitables neutres.

---

(1) Le Code militaire français (art. 249), punit de la réclusion tout militaire qui dépouille un blessé; de mort, celui qui, pour dépouiller un blessé, lui fait de nouvelles blessures.

Les Instructions de 1863 pour les armées des Etats-Unis en campagne, généralisent cette responsabilité pénale : « *Quiconque blesse intentionnellement l'ennemi déjà complètement réduit à l'impuissance, disent-elles, sera mis à mort* ».

On sait que l'Angleterre, usant de son droit d'ailleurs, refusa de recevoir en Afrique l'ambulance organisée par le vicomte de Villebois-Mareuil et que, d'autre part, les démarches du Comité de la Croix-Rouge de Londres, auprès du gouvernement britannique, à l'effet d'autoriser le *Buren Hilfs Bund*, de Berlin, à envoyer des ambulances, restèrent infructueuses. L'Angleterre, avons-nous dit, ne faisait qu'exercer son droit, car la Convention de Genève de 1864 n'a rien décidé sur les ambulances étrangères. On a prétendu condamner la conduite anglaise, dans ces circonstances, en soutenant que si la Convention de Genève assure la *neutralité* aux ambulances de l'ennemi, elle l'attribue, *à fortiori*, à celles qui sont déjà *neutres* par leur origine et leur personnel. Cette interprétation doit être rejetée, car, dit M. Despagnet, « elle repose sur une équivoque : malgré les expressions impropres de la Convention de Genève, les services hospitaliers des belligérants ne sont pas *neutres*, ils sont en principe *inviolables ;* il n'y a donc pas argument à tirer de leur prétendue *neutralité* pour en conclure qu'elle s'applique, à plus forte raison, aux ambulances déjà neutres par leur origine » (1). Par conséquent, nous nous contenterons de constater pour le moment, que les Anglais ne pouvaient enfreindre une règle qui n'existe pas dans le Droit International, sauf en ce qui concerne les ambulances

---

(1) *Op. cit.*, p. 372.

des belligérants eux-mêmes. On peut, toutefois, discuter la valeur juridique des motifs dont l'Angleterre accompagnait le refus de recevoir une assistance que les belligérants, en général, acceptent toujours avec une gratitude non équivoque. En refusant, le gouvernement de la Reine donna pour prétexte que le personnel hospitalier n'offrait pas de garanties suffisantes, qu'il n'abuserait pas de sa mission pour favoriser les Boërs. Or, il est certain que des difficultés peuvent surgir de la pratique, relativement à la situation légale des secours apportés par les sociétés neutres expédiées sur le théâtre de la guerre, tels que : trains sanitaires, médecins et matériel nécessaires pour l'assistance des militaires blessés et malades. L'expérience a même prouvé que des malentendus sérieux s'élèvent quelquefois entre les chefs des trains de secours neutres et les autorités militaires sur le théâtre de la guerre. Il est reconnu, d'autre part, que bon nombre d'industriels n'hésitent pas à battre monnaie avec l'emblème de la Convention de Genève, et il en résulte un véritable discrédit de l'insigne sous lequel doit fonctionner, en temps de guerre, l'assistance volontaire. Ainsi, d'après le rapport du docteur Hüttner, chef des ambulances allemandes dans l'Afrique Australe, on aurait abusé des signes de la Croix-Rouge. A la prise de Jacobsdal par les Anglais, quantité de gens, dont quelques-uns avaient combattu la veille, même des Cafres cherchèrent à s'assurer l'inviolabilité en arborant frauduleusement les insignes de la Croix-Rouge. Le docteur Fissler, de son côté, raconte que la mission envoyée par le comité d'Anvers au Transvaal servit à faire passer, sous le couvert de la Croix de Genève, des volontaires qui allaient combattre dans les rangs des Boërs. L'ambulance néerlandaise fut accusée également de porter des renseignements à l'ennemi, ce qui l'aurait fait immobiliser pendant de longs mois; ajoutons que le chef de cette ambulance s'est inscrit en faux contre une pareille affirmation (1).

Il paraît donc indiscutable que, dans ces conditions, les Anglais avaient, avec le droit, des raisons suffisamment sérieuses pour paralyser l'exercice d'institutions qui déviaient de leur but.

L'envoi des ambulances neutres devait mettre encore sur le tapis une question non encore juridiquement résolue et qui fut soulevée, à la suite de l'ordre donné, le 25 mai 1900, par un officier anglais, d'amener le drapeau hollandais qui flottait sur une ambulance de même origine. Il s'agissait, comme on le devine, de savoir si les

---

(1) Voir Despagnet, *op. cit. loc. cit.*

Les conséquences que pouvait entrainer l'abus de l'insigne de la Convention de Genève, ont inquiété à juste titre toutes les Sociétés d'assistance. Aussi, depuis 1884, dans les conférences internationales de ce genre, tous les efforts ont tendu à faire protéger le dit insigne et ont abouti à faire créer presque partout, en Europe et en Amérique, une répression sévère de l'abus qu'on pourrait faire du pavillon de la Croix-Rouge.

Voir sur la question « *Le Caducée* », Journal de chirurgie et de médecine d'armée, n° 14, 19 Juillet 1902, Paris, 5, rue Saint-Paul.

hôpitaux ou ambulances neutres ont le droit de hisser leur drapeau national avec le drapeau de la Croix-Rouge, ou s'ils sont obligés de hisser le drapeau de l'état belligérant, sous la protection duquel ils se trouvent momentanément.

Il y a lieu, en l'espèce, d'étudier la question au double point de vue du droit et des faits. En droit, les Anglais avaient encore raison car l'article VII de la Convention de Genève prescrit que le drapeau national doit toujours accompagner celui de la Croix-Rouge. Or nous savons, et il n'y a aucun doute à ce sujet, que dans la Convention de 1864 on n'a parlé que des drapeaux des belligérants. Mais, en fait, les Anglais ne pouvaient sérieusement prétendre tirer argument d'un article, vraiment tombé en désuétude, car, depuis 1864, de nombreuses guerres ont eu lieu, au cours desquelles la question fut tranchée dans un tout autre sens ; dans l'Afrique du Sud même, les Anglais ont laissé les ambulances allemandes, russes et belges arborer le drapeau de leur pays. Si on acceptait la prétention que la Société neutre doit laisser son drapeau national et hisser celui de l'Etat belligérant qui a accepté son secours on exigerait, par cela même, la dénationalisation des trains, hôpitaux et ambulances neutres. De plus, grâce aux hasards de la guerre, le même matériel et le même personnel neutres, se trouvant sur le théâtre de la guerre, peuvent passer d'un état belligérant à un autre. Dans ce cas ils devraient changer autant de fois leur drapeau qu'a changé l'autorité supérieure locale sur le terrain des opérations militaires ! On voit donc toutes les difficultés pratiques auxquelles donnerait lieu l'adoption de la thèse britannique.

« C'est conséquemment dans le sens contraire, dit M. Despagnet (1), que doit être interprétée la Convention de Genève. Il peut, en effet, y avoir avantage pour un parti à user d'une ambulance neutre plutôt que de celle de l'ennemi : il est donc nécessaire qu'il puisse la reconnaître de loin. D'autre part, il est de l'intérêt des belligérants eux-mêmes que chaque ambulance arbore son drapeau national, soit pour qu'elle affirme ainsi la responsabilité de ses actes, soit pour qu'on puisse mieux la surveiller, si elle venait à abuser de sa mission. »

Telle sera aussi notre conclusion.

SECTION VI

Prisonniers de guerre

La mort et l'esclavage étaient, à l'origine des guerres, autant dire à celle de l'humanité, les traitements ordinaires réservés aux prisonniers de guerre qu'on rançonne et qu'on échange, à des époques moins barbares. Au dix-huitième siècle

(1) *Op. cit.*, p. 374.

la philosophie, dans son grand travail de transformation morale, s'inquiètera du sort à faire aux prisonniers de guerre et J.-J. Rousseau pourra écrire : « La captivité de guerre consiste essentiellement de nos jours, dans une limitation de fait de la liberté naturelle, qui empêche le prisonnier de rentrer dans le rang de ses compagnons d'armes pour recommencer à combattre (1) ».

La nouvelle conception de la captivité de guerre s'accordait ainsi avec la conception de la guerre elle-même que J.-J. Rousseau considérait comme une relation d'Etat à Etat. — Imprimer au traitement des soldats prisonniers un caractère pénal, aurait été la négation de l'idée de responsabilité, sur laquelle, les peuples modernes, ont édifié tous les grands principes de Droit public et privé. Il ne pouvait donc être question d'exiger l'application des nouvelles théories à des âges où la nation du Droit s'ébauchait à peine et où la pratique internationale n'était que le reflet naturel des mœurs particulières à chaque peuple. Il n'y avait là, en somme, qu'un phénomène normal de l'Evolution, que le législateur moderne allait continuer, en donnant à la question qui nous occupe, une solution conforme aux progrès contemporains. C'est ainsi que le Règlement de La Haye, dans les articles 4 à 20, a tracé aux belligérants, au sujet des prisonniers de guerre, des limites au delà desquel-

(1) *Contrat social*, livre 1er, chap. IV.

les il n'y aurait plus place que pour la barbarie. Bien avant l'apparition de ce Règlement, l'opinion universelle, déjà éclairée par ses philosophes et ses juristes, cherchait à faire adoucir le sort des prisonniers de guerre. C'est ainsi que l'Ordonnance du 3 mai 1832 (1), sur le service des armées françaises en campagne, prescrivait aux officiers de rappeler aux soldats que la générosité honore le courage et qu'il fallait, en conséquence, traiter les prisonniers avec tous les égards dus à leur rang.

M. Rivier résume, dans les lignes suivantes, les lois et coutumes qui règlent, dans les temps modernes, le sort des prisonniers de guerre : « Ils sont (les prisonniers) au pouvoir du gouvernement et non du soldat ou du chef qui les a pris. Ils sont soumis aux dispositions qui régissent l'armée ; s'ils y désobéissent, on les punit, mais la captivité est d'ailleurs dépourvue de tout caractère pénal. Le gouvernement les entretient, ordinairement, sur le même pied que ses propres militaires. Afin de recouvrer en partie les frais d'entretien, on fait travailler les sous-officiers et les soldats, mais non à des travaux ayant un caractère pénal ou impliquant une participation aux

(1) Art. 135.

Voir sur le sujet : GUELLE, *Précis des lois de la guerre*, I, p. 198 ; CALVO, *le Droit International théorique et pratique précédé d'un exposé historique des progrès de la science du Droit des Gens*, § 1855 ; RAYNAL, *Histoire philosophique*, IX, 5 ; PILLET, *op. cit.*, p. 202.

hostilités (1) ». Tels sont donc les principes juridiques et les règles usuelles qui doivent inspirer les peuples civilisés dans leur attitude envers les prisonniers de guerre. — En a-t-il été ainsi, au cours de la guerre Sud-Africaine ?

Le Journal des Débats, du 20 novembre 1900, publiait le récit émouvant que faisait de l'internement à Sainte-Hélène, le prince Bagration Moukhranski, sujet russe, volontaire dans l'armée transvaalienne, aide de camp du colonel de Villebois-Mareuil et fait prisonnier à Boshof, où son valeureux chef trouva une mort glorieuse. — Le général Kronje, dit le prince Bagration, habite avec sa femme, son neveu, un aide de camp et un secrétaire, une vieille petite maison très inconfortable. La nourriture qu'on lui donne est à peine suffisante : Une livre de viande et deux livres de pain (pour 5 personnes !). Les repas ont lieu sur une planche sans nappe ; le sel est en petits tas sur la table ou sur quelque débris de vaisselle. Le linge, les vêtements et les chaussures tombent en pièces et ne sont pas renouvelés. Les Anglais traitent mieux à cet égard les soldats que les officiers et ces derniers sont souvent obligés de se procurer, auprès de leurs hommes, les choses les plus nécessaires. — Les autres prisonniers étaient très entassés. — Dans une tente à deux places, on mettait quatre officiers ou douze soldats. Les prisonniers n'avaient pas les ressources d'amé-

(1) *Op. cit.* II. p. 274.

liorer eux-mêmes leur sort ; on ne pouvait rien se procurer dans l'île : en outre, le Gouverneur ne leur remettait que par petites sommes, et après maintes formalités, l'argent qui leur était destiné.

Dans une correspondance particulière, publiée par le *Rotterdamsche Courant*, le 29 novembre 1899, on lit que les prisonniers boërs étaient enfermés, au Cap, dans une sorte de bateau prison où la lecture des journaux leur était interdite et où, pieds nus, ils ne pouvaient recevoir des visites que moyennant un prix fort élevé ; on leur prenait tout ce qui leur appartenait : montres, argent, clefs, canifs, mouchoirs. A la bataille d'Elandslaagte, les prisonniers boërs, d'abord internés à Ladysmith dans des « trous à Cafres », puis transportés à Durban, furent enfermés dans la cale d'un transport ayant contenu des chevaux et qui ne fut même pas nettoyée, bien que pleine de vermine. Ils n'y avaient pour toute nourriture que de la viande salée et du biscuit ; suivant la remarque d'un officier anglais, les esclaves ne sont pas plus mal traités à bord des navires négriers.

Dans un compte rendu judiciaire, fait par le *Matin*, le 28 décembre 1902, et dans lequel il s'agit d'un prévenu nommé Le Gall qui, ayant combattu à côté des Boërs, fut fait prisonnier à Mafeking, nous lisons dans la biographie de ce prévenu, qu'il fut envoyé à Sainte-Hélène où sa captivité dura deux longues années « deux longues années de souffrances dans le camp de *Dead*

Wood, un désert de boue, pendant la saison des pluies, une plaine sèche et brûlante, en été. Point de pain, point d'eau potable : *les prisonniers étaient réduits à boire de l'eau distillée* ». Passons maintenant dans l'autre armée et voyons ce que deviennent les prisonniers anglais.

Nous laisserons, pour un instant, la parole à M. Van Brockuisen, sujet boër et pasteur évangélique, dont le caractère sacerdotal doit être pour nous un sûr garant des choses qu'il raconte :

« Je voudrais répondre, dit M. Van Brockuisen, à une accusation qui tendrait à faire croire que les prisonniers anglais furent maltraités par les Boërs. Après la bataille de Spions'Kop, quelques prisonniers furent envoyés à Prétoria. Un de nos meilleurs soldats, M. Celliers, qui avait beaucoup contribué au gain de la bataille, faisait partie de l'escorte. A Standerton, les prisonniers furent autorisés à se laver, après quoi on leur distribua du café, du pain, etc. Pendant cette halte, un uitlander s'avança vers eux et se mit à les injurier et à les insulter, et, s'adressant à M. Celliers, lui dit : « Vous êtes bien trop bon pour ces chiens-là ». M. Celliers l'engagea à se taire, et comme l'homme continuait ses insultes, il lui donna une correction qui le rendit sur le champ plus silencieux et plus sage. J'ai eu personnellement plusieurs occasions de visiter les prisonniers anglais. J'ai dit le service divin pour eux en anglais et j'ai toujours constaté qu'ils avaient des vivres en abondance et qu'ils paraissaient contents : ils jouaient au foot-ball et prenaient des bains dans le plus joli endroit de la ville. Des officiers, je ne dirai rien, car ils étaient traités très libéralement, jusqu'au jour où ils abusèrent de la liberté qu'on leur donnait, *en écrivant et en dessinant des obscénités sur les murs, et en détruisant des objets de valeur* » (1).

Ce témoignage suffirait, à lui seul, à nous renseigner sur la manière dont les Boërs comprenaient leur devoir envers les prisonniers de guerre, mais nous recourrons à d'autres sources d'information, pour faire ressortir, encore plus, l'attitude si généreuse de la République Sud-Africaine, quand on la compare au régime inhumain appliqué aux prisonniers boërs.

Le 8 janvier 1900, les passagers américains du vapeur Kœnig écrivaient au *New-York Herald* que les prisonniers anglais étaient traités avec une grande bonté. A Stormberg, on leur fournit le moyen de jouer au foot-ball ; on les aida même à donner des concerts (2) ! Il paraîtrait même que les officiers anglais, captifs à Prétoria, s'étant plaints de n'avoir pas de marmelade à leur déjeuner, le Président Krüger aurait donné l'ordre de leur offrir tout ce qu'on pourrait trouver de ce dessert, en disant : « Le monde civilisé verra que nous sommes des gens civilisés » (3). Les

---

(1) *Revue Bleue*, 20 octobre 1900, p. 484.
(2) *Télégrammes*, du 25 janvier.
(3) *Journaux*, du 20 janvier 1900.

fédéraux, d'après l'attestation d'un chirurgien anglais, non contents de fournir des matelas aux soldats de Sa Majesté, se seraient privés de tous les œufs qu'ils possédaient, pour les donner à leurs prisonniers malades.

« La Conférence de La Haye n'en demandait pas tant, dit M. A. Desjardins, et cet excès de courtoisie dépasse les prévisions de la philanthropie la plus ardente (1) ».

On a reproché aux Boërs, vers le milieu de la campagne, de ne remettre leurs prisonniers en liberté, qu'après les avoir dépouillés de tous leurs vêtements. Est-il possible, en droit et en équité, de tenir rigueur aux Boërs de leur conduite, en pareille circonstance? En droit, alors que des juristes éminents (2) vont jusqu'à approuver les généraux de refuser le quartier qui leur est demandé, et de détruire les troupes qu'ils ont réduites à l'impuissance, lorsque ces troupes constituent pour eux une charge gênante, et qu'il leur est impossible de les faire escorter jusqu'aux lieux de captivité, comment, à plus forte raison, pourrait-on faire grief aux Boërs d'avoir employé un procédé des plus inoffensifs, en somme, et que leur commandait la plus impérieuse des nécessités ?

Ne sait-on pas, en effet, qu'à l'époque où les Boërs se décidèrent à opérer de la sorte, des troupes anglaises sillonnaient en tous sens les terres du

---

(1) *Op. cit.*, p. 55.
(2) Heffter, § 128, p. 295. — Bluntschli. § 580. — Neumann, § 46.

Transvaal et de l'Orange, rafflant, dévastant tout sur leur passage et tarissant ainsi, pour les armées républicaines, toutes sources normales d'approvisionnement ? Les troupes boërs, d'autre part, s'étaient formées en Commandos et il ne pouvait être question de détacher de ces unités tactiques une escorte, si petite fût-elle, pour accompagner les prisonniers, d'abord parce que les commandos s'en seraient trouvés affaiblis et ensuite parce qu'on ne pouvait songer à confier la garde de ces prisonniers aux femmes et aux enfants, tout ce qui était valide s'étant rendu à l'appel de la patrie en danger. Il était donc assez naturel et équitable que les Boërs eussent recours à ce réapprovisionnement *sui generis* dont les Anglais, qui en faisaient les frais, ne pouvaient franchement se plaindre, étant donné que leurs ennemis, qui, à cette heure, luttaient en vrais désespérés, auraient pu adopter un mode plus tragique. Les Anglais, d'ailleurs, qui se trouvaient un peu partout, ne tardaient pas à recueillir leurs malheureux compatriotes dont la pudeur, sous les cieux brûlants de l'Afrique, pouvait seule être torturée, et là, nous compatirons sincèrement aux souffrances endurées, car tout le monde connaît la sensibilité de l'épiderme britannique.

Que faut-il penser aussi du reproche fait aux Boërs par les Anglais, d'avoir violé, en reprenant les armes, leur serment de neutralité ? Pour répondre à la question, il y a lieu de distinguer entre les Boërs pris par les Anglais ou se rendant à eux et relâchés sous condition de serment à prêter, et entre les Boërs qui, n'ayant pas été pris ou ne s'étant pas rendus, étaient astreints à la prestation du serment, alors qu'ils avaient volontairement fait retour dans leurs fermes.

Cette distinction entre les Boërs est nécessaire, car, si ceux qui se trouvaient dans le premier cas étaient volontairement liés aux Anglais par un contrat en bonne et due forme, il n'en était plus de même pour la deuxième catégorie de Boërs à qui le serment était imposé, contrairement aux termes formels de l'article 45 du Règlement de La Haye. Si donc le reproche adressé par les Anglais s'explique et se justifie, pour les Boërs volontai-

---

(1) Pour se rendre compte du dénuement des Boërs, réduits à déshabiller leurs prisonniers, lire le passage suivant de De Wet :

« L'hiver approchait, aggravant notre dénuement. Que nous restait-il en effet ? Du blé, du pain et de la viande. Quant au sucre et au café, nous n'en avions plus que le souvenir, sauf les jours où nous nous emparions des abondantes provisions anglaises. Il est vrai qu'en pilant les racines d'un arbre assez répandu dans la région de Boshof et, en les faisant macérer, nous avions pu nous procurer une boisson assez tonique. Malheureusement, cet arbre n'existait pas partout ; et quand nous ne le rencontrions pas, il fallait nous fabriquer des tisanes de pêches desséchées, de pommes de terre, de céréales. Pour moi, je ne me plaignais pas. L'eau, ma boisson favorite, ne me faisait pas défaut. A notre dénuement en vivres, s'en ajoutait un autre : le dénuement en vêtements. Pour raccommoder les paletots et pantalons, il fallait des prodiges d'habileté. Le plus souvent nous cousions sur les trous des morceaux de cuir tannés par des vieillards et des malades. Mais l'ennemi surprit bientôt leur industrie, pourtant bien primitive, et ne manqua point de saccager leurs caves, pour nous obliger à aller pieds nus, sans vêtements, comme des mendiants, dans un pays qui était le nôtre et celui de nos pères ».

(Trois ans de guerre, p. 286 et 287).

rement assermentés, il perd toute raison d'être, en ce qui concerne les combattants rentrés dans leurs foyers pour y vivre paisiblement.

A cette question du serment se rattache celle, bien plus importante, de savoir quelle pouvait être la valeur juridique de l'annexion du Transvaal, proclamée par lord Robert, à la date du 4 juillet 1900.

Nous ouvrirons à ce sujet un chapitre spécial, dont la place paraît marquée à la fin de cette deuxième partie qui traite des rapports des belligérants entre eux.

CHAPITRE III

NON COMBATTANTS

Pour donner à l'étude des faits qui feront l'objet du précédent chapitre, un caractère vraiment scientifique, et apprécier, comme il convient, l'attitude des belligérants, il faut, à notre avis, éclairer d'abord le sujet par quelques considérations générales sur la guerre et ses nécessités. Cette entrée en matière paraît indispensable pour juger sainement des faits qui, à priori, sont de nature à choquer les idées courantes d'humanité et de justice.

Nous ne pouvons oublier, malgré tout, que notre travail est une œuvre essentiellement juridique et qu'il ne saurait comporter des éléments qui en dénatureraient le sens.

La guerre étant un accident dans la vie des peuples, apporte, naturellement, dans l'organisme social, des troubles comparables à ceux qu'on rencontre chez l'individu malade. On a bien dit que la guerre n'était qu'une relation d'État à État, mais, en définitive, ce sont les individus qui la font et qui en subissent toutes les conséquences, d'une façon plus ou moins sensible, suivant que ces individus prendront directement part aux hostilités ou y resteront étrangers. Si l'on considère, d'autre part, que la guerre a besoin, pour s'exercer, d'espaces plus ou moins vastes, on arrive à conclure que les habitants des territoires transformés, par le hasard, en champs d'hostilités, verront, de ce chef, troubler, si peu soit-il, le cours, jusqu'alors paisible, de leur existence. Pour ne parler que des réquisitions de toutes sortes, qui ne constituent, pour ainsi dire, que le minimum des ennuis causés par la guerre, ces exigences n'apportent-elles pas un trouble sérieux dans les affaires de ceux qui en sont imposés? Mais, malheureusement, tout ne se borne pas à des réquisitions et il arrive souvent que des mesures plus rigoureuses sont prises, par nécessité, alors que l'humanité la plus élémentaire, à première vue, semblerait les interdire. Quand un conflit, par exemple, s'élève entre deux peuples possédant des armées régulières, pouvant se suffire à elles-mêmes, on peut dire que les exigences de la guerre seront réduites au minimum. Le théâtre des hostilités, par la force des choses même, sera limité et seuls, les combattants, seront exposés aux horreurs de la situation. Il en ira autrement quand deux nations, comme l'Angleterre et le Transvaal, en viendront aux mains. La première de ces puissances sera obligée, pour répondre au défi de son adversaire, de s'expatrier et de transporter sur un autre continent les forces nécessaires pour mener la lutte avec avantage; la seconde, au contraire, combattra sur place avec la totalité de ses ressources. L'Angleterre disposera d'une armée régulière, organisée dès le temps de paix; le Transvaal ne formera son armée qu'à la dernière heure, en faisant appel à tous les citoyens capables de porter une arme. L'armée anglaise n'aura à compter que sur ses propres ressources, que les circonstances ont forcément limitées, tandis que les troupes républicaines pourront mettre à contribution tout le territoire national. En Europe, deux armées ennemies auraient limité leur champ d'action, en Afrique, au contraire, l'organisation militaire des Boërs et la situation topographique de leur pays multiplieront les terrains de la lutte.

Les considérations qui précèdent ont eu pour but de démontrer que si la guerre comporte un minimum d'exigences, ce minimum ne saurait être fixe et variera suivant les circonstances dans lesquelles la guerre sera entreprise. Cela étant dit, nous négligerons tous les faits isolés qui ne peuvent engager la responsabilité d'un Etat et nous croirons volontiers à la sincérité des déclarations suivantes, faites par le général Buller, le 20 mai 1900, dans une proclamation datée de Newcastle : « Les troupes de la reine Victoria traversent maintenant le Transvaal. Sa Majesté ne fait pas la guerre aux individus; elle est, au contraire, désireuse de leur épargner, dans la mesure du possible, les horreurs de la guerre. Le différend de la Grande-Bretagne reste avec le gouvernement et non avec la population du Transvaal. Pourvu que cette dernière reste neutre, aucune tentative ne sera faite pour inquiéter les personnes résidant près de la ligne le long de laquelle s'avancent les troupes ; toutes les mesures de protection possibles leur seront accordées et, s'il devient nécessaire de prendre leurs propriétés, elles seront indemnisées de ce chef. D'un autre côté, ceux qui seront autorisés à rester près de la ligne de marche doivent conserver leur neutralité et les résidents de toutes les localités seront tenus responsables dans leurs personnes et dans leurs biens, dans le cas où des dégâts seraient occasionnés à la voie ferrée ou au télégraphe, où s'il était fait violence à un membre quelconque des forces anglaises dans le voisinage de leur demeure (1) ».

Par contre, nous insisterons sur les *Camps de concentration*, qui ont été établis, en Afrique, avec l'approbation du gouvernement anglais. A la fin d'octobre 1900, le Généralissime des armées britanniques, lord Roberts, donna l'ordre d'enfermer comme otages, à Blœmfontein, tous les Boërs âgés de plus de quatorze ans, et d'interner les femmes et les enfants dans des campements provisoires. Cette mesure était-elle légitime et s'accordait-elle avec les nécessités de la guerre,

---

(1) Texte donné par l'agence Havas (*Journal officiel français* du 1er juin 1900).

voilà ce qu'il importe de connaître, au seul point de vue du Droit International? Dans ces questions, où les sentiments humanitaires sont souvent en jeu, on a généralement une tendance à confondre la légitimité d'une institution avec l'abus qu'on peut en faire. Notre but, à nous, est d'éviter précisément cet écueil et de chercher à savoir, par l'étude impartiale et consciencieuse des faits, si l'établissement des camps de concentration était juridiquement possible. Nous n'hésiterons pas à répondre par l'affirmative. Les raisons données par les Anglais sont de celles qu'on ne peut réfuter et qui, jusqu'à preuve du contraire, paraissent suffisantes pour justifier les mesures incriminées.

En internant les enfants au-dessus de quatorze ans, les Anglais ont prétendu les empêcher de rejoindre les Commandos et supprimer, ainsi, à leurs ennemis des intermédiaires précieux, soit pour se tenir au courant des mouvements de l'armée britannique, soit pour assurer le service de ravitaillement. Quant à l'internement des femmes et des enfants en bas âge, l'Angleterre le justifie, et par le désir qu'elle avait de soustraire ces catégories de personnes aux violences des Cafres, dont les pires instincts s'étaient déchainés avec la guerre, et par la nécessité d'enlever aux combattants boërs leurs meilleurs agents de réapprovisionnement. Nous laisserons de côté la raison d'humanité invoquée par les Anglais, car, en somme, les Boërs pouvaient veiller eux-mêmes à la sécurité des leurs, pour ne tenir compte que des motifs militaires qui, d'après l'Angleterre, ont dicté son attitude, dans cette circonstance. Or, et c'est là que l'utilité de nos considérations préliminaires paraît s'affirmer, personne n'ignore, qu'à l'époque où ces faits se passaient, la guerre de guérillas, c'est-à-dire de désespoir, était organisée par les Boërs, dont toute la tactique, merveilleuse et souvent triomphante du reste, ne consistait plus qu'à échapper aux poursuites de l'armée britannique, dont la plus grande partie des forces avait envahi le territoire des deux Républiques. Cette invasion avait eu pour conséquence principale d'enlever aux Boërs tous les moyens normaux de s'approvisionner et d'entretenir entre les Commandos les communications indispensables à l'exécution d'un plan d'ensemble. Les voies ferrées, les routes praticables ordinaires de l'Orange et du Transvaal, étaient occupées par les troupes britanniques. Les Boërs ne disposaient donc plus, pour assurer leur liaison, que des rares chemins inaccessibles aux troupes et, pour se réapprovisionner, que des fermes, séparées les unes des autres par des distances considérables, et où n'habitaient plus que des vieillards, des femmes et des enfants. Tous les hommes valides avaient gagné le *front*, laissant au reste de la famille le soin de continuer l'exploitation de leurs terres. On sait avec quel courage les femmes des fermiers s'acquittèrent d'une tâche qui, d'habitude, est réservée à l'homme. La continuation de ces travaux agricoles avait inquiété les Anglais, car leurs ennemis ne pouvaient plus compter, en matière de subsistances, que sur ce moyen extrême, qu'ils devaient au concours patriotique des femmes boërs. Si l'on veut bien remarquer, d'autre part, que l'armée républicaine, qui combattait depuis un an, avait subi, de ce chef, des pertes assez sérieuses, on comprendra, aisément, pourquoi les chefs boërs tenaient à garder tout leur monde sous la main et à utiliser, sans condition d'âge ni de sexe, tout ce qui était susceptible de rendre service à leur patrie, si cruellement éprouvée. De là, l'emploi des enfants et des femmes, qui connaissaient parfaitement le pays, pour la conduite des lourds chariots de vivres, des fermes aux Commandos. Quant aux vieillards, le général De Wet, lui-même, nous raconte qu'ils étaient, pour la plupart, occupés à tanner, de la façon la plus primitive, le cuir destiné à raccommoder les effets des combattants boërs. Il n'en fallait donc pas davantage, pour décider le gouvernement britannique à créer ces fameux camps de concentration, dont l'établissement semblait devoir supprimer aux troupes républicaines les suprêmes moyens de continuer une lutte, que les Anglais, manifestement énervés, voulaient terminer à n'importe quel prix.

Il nous paraît donc que, le reproche adressé à l'Angleterre d'avoir laissé installer les camps de concentration, ne peut s'appuyer sur une base juridique. En agissant ainsi, l'armée britannique n'a fait que pousser jusqu'à ses dernières limites le droit de prendre toutes les mesures, que les nécessités de guerre semblaient lui imposer.

Il ne nous appartient pas de dire les tristes conditions dans lesquelles ces camps de concentration ont été installés, ni toutes les brutalités dont ce traitement de rigueur a été précédé ou suivi. Cette tâche est celle du moraliste à qui nous laissons le soin de tirer d'un sujet, que nous ne pouvons traiter qu'à un point de vue spécial, tous les enseignements et toutes les conclusions dont pourra profiter l'humanité (1).

SECTION I

Respect de la propriété privée

Un Livre bleu, paru en Angleterre le 14 mai 1901, donnait la liste des maisons brûlées dans l'Orange et le Transvaal, de juin 1900 à la fin de

(1) Voir, en ce qui concerne les critiques sévères, mais justes, auxquelles l'installation de ces camps a donné lieu : *Journal officiel français*, séance du 20 Janvier 1902, *interpellation de M. Georges Berry*.

F. DESPAGNET : *Op. cit.*, p. 329 et s.; 369 et s.

DE WET : *Op. cit.*, p. 237.

janvier 1901 ; le total des immeubles, ainsi détruits, s'élevait à 634. L'importance du chiffre indique suffisamment que la destruction était systématique et entrait bien dans les vues anglaises, surtout après les proclamations de lord Roberts annexant, en mai et en septembre 1900, les territoires des deux Républiques. La responsabilité de l'Angleterre se trouve donc engagée, et il ne s'agit plus, maintenant, que d'établir si ces mesures de rigueur correspondaient réellement aux besoins des opérations militaires. D'après les raisons mêmes données par le gouvernement de Londres, on se trouverait, ici, en présence d'actes, répréhensibles, tant au point de vue juridique qu'à celui de l'humanité. Les nécessités de la guerre, si souvent invoquées par les belligérants, ne pouvaient plus, à notre avis, dans le cas qui nous occupe, justifier une conduite dont ne saurait s'accommoder quiconque estime que la fin ne justifie pas les moyens. La conscience publique a donc condamné ces actes.

Il est à remarquer qu'au moment où ce système de dévastation était mis en pratique, presque toutes les fermes avaient été désertées et que, de ce fait, leur exploitation, qui aurait pu aider les Boërs à continuer leur existence, avait cessé complètement ou à peu près. Ainsi que les Anglais l'ont avoué eux-mêmes, ces habitations ne servaient plus qu'à abriter de temps en temps quelques Commandos. Or, il apparaît qu'une utilisation de ce genre n'était pas de nature à gêner les opérations de l'armée britannique, et à constituer, pour les Boërs, une ressource bien précieuse. Nous avons fait remarquer, d'ailleurs, que tous ces actes s'étaient accomplis après l'annexion des deux Républiques, et la remarque avait son importance, car les Anglais allaient se baser sur cette annexion, dont nous discuterons plus tard la valeur juridique, pour justifier leur façon d'agir. Les Républiques annexées, l'Angleterre n'avait plus en effet devant elle que des révoltés à châtier et, de ce chef, était seule juge des mesures à prendre. Mais, par contre, le gouvernement britannique reconnaissait ainsi combien son attitude était blâmable, puisqu'il éprouvait le besoin de la faire considérer comme conséquence juridique d'une annexion qui, disons-le en passant, devait, pour être effective, remplir d'autres conditions que la simple proclamation de lord Roberts.

Voici quelques-uns des motifs allégués par l'Angleterre pour justifier les actes de destruction : « Deux maisons sont détruites dans le district de Frédericlistadt parce qu'elles appartenaient à des personnes influentes habitant près de l'endroit où un pont avait été détruit. Dans le district d'Heilbron, la maison de M. Francis Dutois a été brûlée, pour détruire les approvisionnements de son propriétaire, qui était au Commando. Dans les districts de Frankfort et de Ventersburg, quarante maisons furent livrées aux flammes, pour le même motif. A Sprid-Kraal, l'habitation de Madame Laas fut brûlée par erreur ! La maison de Christian De Wet est également détruite, sans qu'on indique, à ce sujet, ni date ni motif. La raison qui revient le plus souvent est ainsi formulée : Bâtiments servant d'abris aux Boërs. Dans le seul district de Bothaville, soixante-huit maisons furent détruites en octobre. La *Saint-James Gazette* dénonçait cinquante-huit cas d'incendie qui, contrairement à la loi des peuples civilisés, n'avaient pour but que d'obliger à se rendre les propriétaires soldats, dans les Commandos (1) ».

Qui songerait à contester qu'il y avait là une violation préméditée de l'article 46 du Règlement de La Haye, qui rappelle les belligérants au respect des individus et de la propriété privée.

Avec le général De Wet (2) nous laisserons aux auteurs de ces violences, aussi injustes qu'inutiles, la lourde responsabilité qui leur incombe devant l'histoire et exprimerons le regret que les peuples civilisés n'aient pas cru devoir intervenir, pour faire donner à cette lutte inégale un caractère moins barbare.

---

(1) Renseignements puisés dans F. Despagnet, *Op. cit.*, p. 324.
(2) *Op. cit.*, p. 237
Voir également au sujet des destructions de fermes le *Journal Officiel* français, séance parlementaire du 20 janvier 1902.

CHAPITRE IV

Annexion des Républiques Sud-Africaines

Le 24 mai 1900, le Généralissime des armées anglaises, lord Roberts, signait la proclamation suivante : « Attendu que certains territoires du sud de l'Afrique, jusqu'ici connus sous le nom d'Etat libre d'Orange, ont été conquis par les forces de Sa Majesté, et qu'il a semblé convenable à Sa Majesté d'annexer lesdits territoires à ses domaines, pour en faire désormais partie et de m'en nommer provisoirement, jusqu'à ce que le désir de Sa Majesté soit plus complètement connu, administrateur avec pouvoir de prendre telles mesures et d'édicter et mettre à exécution telles lois qui peuvent me sembler nécessaires pour la paix, l'ordre et le bon gouvernement desdits territoires. — Par ces motifs, je, Frédéric Steigh, Baron Roberts, etc..., commandant en chef des forces britanniques dans le Sud de l'Afrique par ordre de Sa Majesté et en vertu des pouvoirs et de l'autorité, à moi conférés à cet effet par la royale commission de Sa Majesté, datée du 24 mai 1900, et conformément aux instructions, à moi signifiées dans ceux-ci et autrement, proclame et fait connaître que, à partir de et après la présente publication, les territoires connus sous le nom d'Etat libre d'Orange sont annexés aux domaines de Sa Majesté et en font partie et que, provisoirement et jusqu'à ce que le désir de Sa Majesté soit complètement exprimé, lesdits territoires seront administrés par moi avec les pouvoirs susdits. — Sa Majesté est heureuse d'ordonner que les nouveaux territoires soient désormais connus sous le nom de Colonie de la Rivière d'Orange. — Dieu sauve la Reine. — Donné, revêtu de ma signature et de mon sceau, au quartier général du Sud de l'Afrique, camp Sud de la Rivière du Vaal, dans lesdits territoires, ce 24 mai, dans l'année de Notre Seigneur 1900. — Signé: Roberts ».

Le 1er septembre de la même année, lord Roberts proclamait également, en termes à peu près identiques, l'annexion du Transvaal.

L'annexion d'un Etat à un autre ayant pour principal effet de confondre deux souverainetés en une seule, il convient de se demander si un acte de cette importance peut trouver son accomplissement juridique dans une simple déclaration unilatérale et si, en cas d'affirmative, cette déclaration ne doit pas reposer sur des bases qui donneront à l'annexion, ainsi proclamée, un caractère juridique incontestable. Il s'agit, en l'espèce, d'une proclamation, par voie de conquête, qui s'appuie, d'habitude, soit sur un traité de paix, ce qui impliquerait, en principe du moins, la volonté des parties contractantes, soit sur un état de fait comprenant l'anéantissement manifeste de l'un des adversaires. Si l'on remarque que le traité qui mettait fin à la guerre Sud-Africaine n'a été signé qu'au printemps de 1902, il est facile de conclure que l'annexion, prononcée par lord Roberts, repose exclusivement sur le droit de conquête. Il y a donc lieu de rechercher les règles qui président à une déclaration faite dans de semblables conditions, de nous assurer si l'application en a été faite dans le cas qui nous occupe, et de dégager ainsi la valeur juridique de l'annexion des deux Républiques.

Heffter pose en règle générale que, tant que l'une des puissances n'est pas définitivement vaincue, et tant qu'elle peut reprendre les armes, l'état de choses existant, à son égard, doit être considéré seulement comme transitoire ou *usurpé*.(1).

Bluntschli écrit : « Bien que la conquête d'un territoire ait lieu, en général, à la suite d'actes de violence et de guerre, elle peut cependant avoir pour conséquence l'acquisition de la souveraineté du territoire conquis. Elle est un mode légitime d'acquérir un territoire lorsqu'un traité, ou, à défaut, la reconnaissance, par la population, des changements survenus, a démontré la nécessité du nouvel ordre de choses » (2).

---

(1) *Le Droit international public de l'Europe,* traduit par Bergson, 1857, p. 316.

(2) Bluntschli : *Das moderne Volkerrecht der civilisirten Staten,* 1868, § 289. Traduction française de M. Lardy, *Le Droit international codifié,* 1886, p. 182, 183.

Holtzendorff, à son tour, ajoute : « Les succès militaires sur le champ de bataille ne décident pas encore de la chute de l'Etat le plus faible. Pour démontrer la fin de la souveraineté vaincue, le vainqueur doit proclamer, d'abord, qu'il a l'intention de pousser sa victoire jusqu'à la destruction de son adversaire comme Etat. De plus, il est nécessaire que ses forces aient établi une situation de fait qui corresponde à sa proclamation et qui ne soit pas contestée par d'autres Etats. Tant que les alliés de l'Etat vaincu tiennent encore la campagne en dehors de ses frontières, la continuation de l'ancien Etat est présumée de droit, même si les autorités de cet Etat chassées ou traquées, ne peuvent plus gouverner *de facto*, un chef d'Etat pouvant régner temporairement en pays étranger » (1).

Des citations qui précèdent, se dégage, sinon en termes formels, du moins quant aux idées expresses, la nécessité primordiale, pour l'annexant, d'occuper, de manière effective, le territoire annexé. Cette occupation paraît donc être la préface indispensable de toute annexion et le règlement de La Haye, dans son article 42, l'a ainsi définie : « Un territoire est considéré comme occupé lorsqu'il se trouve placé de fait sous l'autorité de l'armée ennemie.

L'occupation ne s'étend qu'aux territoires où cette autorité est établie et en mesure de s'exercer ».

---

(1) Von HOLTZENDORFF, *Handbuch des Vœlkerrechts*, II, § 22.

D'autre part, l'occupation véritable laisse supposer qu'il y a *debellatio*, autrement dit, impuissance pour l'un des adversaires de continuer la lutte et résignation à subir, sans réserves, la volonté du plus fort. Cette *debellatio* existait-elle au moment des proclamations anglaises, voilà donc la question à résoudre?

Pour qui n'a pas suivi les phases de cette campagne mémorable, la lecture de ces proclamations pourrait faire croire qu'au moment où elles se produisaient, les territoires des deux Républiques étaient complètement désertés et que, comme écrivait Holtzendorff, on se trouvait en présence d'une situation de fait, correspondant parfaitement aux proclamations du Généralissime des armées britanniques. Or, rien n'était moins vrai. A l'époque où ces événements se passent, la guerre Sud-Africaine n'était pas encore terminée et l'horizon était toujours gros de nuages. Les troupes de Sa Majesté britannique occupaient seulement, et d'une manière incertaine, les points stratégiques, les villes et les lignes de communications dont elles ne s'écartaient point ; tout le reste était sillonné par les Commandos boërs et le Président Steijn pouvait écrire, en toute exactitude, à lord Kitchener que la juridiction anglaise, dans l'Afrique du Sud, n'allait pas plus loin que le feu de ses canons. Une sèche chronologie vaudra d'ailleurs mieux, pour confirmer ces faits, que tout un volume d'assertions et de raisonnements plus ou moins spécieux. Tel est l'avis, que nous partageons du reste, du Lieutenant-Général Den Beer Poortugael. Aussi nous nous permettons d'exposer, ci-après le tableau donné par ce même officier général :

Le 1er janvier 1901. Défaite sanglante des Anglais près de Lindley. La garde du corps de lord Kitchener entièrement prise, tuée ou blessée.

8 janvier. — Sutherland occupé par 1,500 Boërs armés.

11 janvier. — Défaite d'une division de cavalerie anglaise près de Murrayberg ; elle perd 27 hommes, y compris 3 officiers.

12 janvier. — Le général boër Beyers attaque avec 800 Bürghers armés la station de Haalfontein, entre Prétoria et Johannesburg. Les Boërs armés arrivent à 16 kilomètres de Prétoria.

30 janvier. — Les Anglais, surpris près de Modderfontein, au sud de Krügersdorp, perdent 7 officiers, 220 hommes et un canon.

Le même jour, ils perdent baucoup d'hommes à Tabaksberg.

29 Mai. — Combat très vif à Vlakfontein. Les Anglais perdent plus de 175 hommes tués ou blessés.

16 août. – 50 éclaireurs du général French, cernés par une force boër très supérieure, sous Théron, sont forcés de se rendre.

On signale une force armée de 4,000 Boërs sous le commandement du général Botha dans les environs de Nondwini, en Transvaal.

Combat entre le commandant boër Krutzinger près de Steynsburg (Colonie du Cap) et le colonel anglais Gorringe.

18 août. — Combat près de Bronkhortspruit. Le capitaine anglais Moley grièvement blessé.

19 août. — Garratt surprend un camp des Boërs près de Honingspruit-Junction (Orange).

22 août. — 68 Anglais sont faits prisonniers par les Boërs près de Ladybrand. 300 Boërs passent la rivière Orange à Norvalspont et envahissent la Colonie du Cap (1).

Combien sommes-nous loin de la situation de fait, dont semblait se prévaloir lord Roberts, et combien est-il difficile de rencontrer, dans pareille exposition, les éléments nécessaires à la prise de possession par la conquête !

Comme on peut le penser, les Présidents des deux Républiques ne manquèrent pas de protester vivement. Nous reproduisons, d'autre part, en note, la proclamation du Président Krüger (2),

---

(1) *Revue des Deux Mondes.* — Les proclamations anglaises, novembre 1901.

(2) *Journal Officiel de la République Sud-Africaine.* – Nelspruit, 3 septembre 1900, n° 1145. — Proclamation. — Considérant qu'au mois d'octobre 1899, une guerre injuste a été imposée par la Grande-Bretagne au peuple de la République Sud-Africaine et de l'Etat libre d'Orange, et que ces deux petites Républiques ont soutenu pendant près de onze mois la lutte inégale contre le puissant Empire Britannique et la soutiennent encore toujours ; — Considérant que j'ai été informé qu'une certaine proclamation, datée du 1er septembre 1900, a été publiée par le maréchal Roberts, commandant en chef des forces britanniques dans l'Afrique du Sud, où

dans laquelle les choses sont mises au point et où les raisons de droit, remarquablement indiquées, font tomber, une à une, les prétentions du Gouvernement britannique.

Après tout les Anglais ne paraissaient pas très convaincus eux-mêmes, car, à supposer que ces annexions se fussent étayées sur des bases solides, il était indispensable, pour compléter ce fait juridique, de le notifier aux puissances étrangères. Or, rien n'a été fait dans ce sens. Le Président Krüger, dans son triste pèlerinage en Europe, a été reçu partout comme Chef d'Etat, sans que la Grande-Bretagne fît entendre la moindre protes-

---

il est prétendu que la République Sud-Africaine a été conquise par les troupes de Sa Majesté et que la République Sud-Africaine est annexée à l'Empire Britannique, tandis que les forces armées de la République Sud-Africaine tiennent encore la campagne et que la République Sud-Africaine n'a pas été conquise et que la proclamation sus-mentionnée est, par conséquent, contraire au Droit des Gens ; — Et considérant que l'indépendance de la République Sud-Africaine a été reconnue par presque toutes les puissances civilisées ; — Considérant que je juge désirable de porter immédiatement à la connaissance de tous les intéressés que la proclamation sus-mentionnée n'est pas reconnue par le Gouvernement et le peuple de la République Sud-Africaine ; — C'est ainsi que moi, Stéphanus Johannès-Paulus Krüger, Président de la République Sud-Africaine, avec l'avis et le consentement du Conseil exécutif, en vertu de l'article 147 de ses Comptes rendus, en date du 3 septembre 1900, proclame par les présentes, au nom du peuple indépendant de la République Sud-Africaine, que l'annexion sus-mentionnée n'est pas reconnue et qu'elle est déclarée, par les présentes, nulle et sans valeur. — Le peuple de la République Sud-Africaine est et demeure un peuple libre et indépendant et refuse de se soumettre à l'autorité britannique. — Ainsi fait et signé sous ma main, à Nelspruit, dans la République Sud-Africaine, le troisième jour du mois de septembre 1900. — S.-J.-P. Küger, Président ; F.-W. Reitz, secrétaire d'Etat.

tation. Bien plus, l'Angleterre elle-même allait se mettre en contradiction flagrante, en signant un traité de paix avec des gens qui, après l'annexion, ne devaient plus, juridiquement, exister à ses yeux.

Nous conclurons donc, que les annexions prononcées, ne réalisant aucune condition de droit et de fait, étaient des actes sans valeur juridique, et que la Grande-Bretagne, en les accomplissant, a voulu seulement justifier le caractère de rigueur exceptionnelle, qu'à partir de ces proclamations, elle a entendu imprimer à la guerre.

Il faut ajouter cependant, pour être juste et vrai, que les Anglais, en annexant les deux Républiques n'avaient fait que suivre l'exemple des Boërs qui, dans leur première invasion des Colonies britanniques, proclamaient l'annexion d'un territoire, presque aussitôt qu'il était occupé. Nous n'insisterons pas, bien entendu, sur la nullité de pareilles annexions, dont le seul et important résultat a été de montrer la voie aux Anglais, qui n'ont pas hésité à s'y engager.

TROISIÈME PARTIE

Rapports des belligérants avec les neutres

CHAPITRE PREMIER

DE LA NEUTRALITÉ

La neutralité, avec ses droits et ses devoirs, est une conception essentiellement moderne. « La neutralité antique, dit M. Descamps, constituait plutôt un fait occasionnel qu'un status juridique (1). » Il y a, dans ces transformations, un phénomène ordinaire des lois évolutives, dont l'heureuse influence s'exerce aussi bien dans le

(1) *Revue Générale de Droit International public*, novembre, décembre 1900, p. 707

domaine des idées que dans celui de l'ordre physique. En rapprochant les peuples, le progrès devait plus particulièrement engendrer une solidarité économique internationale, que le simple conflit, entre deux nations, pouvait subitement, désagréger, dans les conditions les plus défavorables aux intérêts des peuples restés pacifiques. Il fallait donc chercher un remède qui, tout en laissant les frères ennemis vider librement leurs querelles, permettrait aux autres nations de continuer leurs affaires et de sauvegarder ainsi leurs intérêts. De là les tentatives faites successivement sous le nom de *ligue de neutres*, en 1780, et de *neutralité armée*, en 1800, de là aussi le blocus de 1806.

« Mais, dit M. Despagnet, si la notion de neutralité paraît désormais acquise aujourd'hui, elle est encore insuffisamment précisée au point de vue juridique depuis la ligue de neutralité armée de 1780 et même depuis la déclaration de Paris, du 16 avril 1856, qui l'ont réglée pour la guerre maritime. On en est encore aujourd'hui à *considérer la neutralité au point de vue purement négatif du devoir pour les neutres de s'abstenir de toute immixtion dans les actes d'hostilités accomplis par les belligérants et, à cette condition, du droit de ne pas être directement impliqués dans les conséquences de la guerre*.

A cette manière de voir étroite, préjudiciable aux neutres, et qui n'est qu'un reste de l'ancienne pratique suivant laquelle les belligérants imposaient leurs volontés aux peuples qui n'étaient pas leurs ennemis, on tend, de nos jours, à en opposer une autre plus libérale, plus juridique et plus favorable au maintien ou au rétablissement de la paix. *Les neutres auraient un droit acquis à maintenir la situation qu'ils avaient dans la paix, et c'est aux belligérants qu'incomberait le premier devoir de respecter cette situation. C'est la juste conséquence de cette idée éminemment juridique que les belligérants ne peuvent pas, par leur initiative propre, porter atteinte à une situation antérieurement acquise par des tiers étrangers à leur conflit.* A la conception négative de la neutralité, sous la forme du devoir pour les neutres de respecter les droits des belligérants, se substituerait ainsi une conception positive, sous la forme du droit des neutres de maintenir la situation qu'ils avaient pendant la paix, sauf à ne pas contrarier l'exercice par les belligérants de leur droit de guerre. On comprend combien ce changement de point de vue est de nature à sauvegarder les intérêts des neutres et à restreindre les prétentions encore trop souvent abusives des belligérants (1). »

Des considérations juridiques qui précèdent il semble qu'on pourrait tirer la définition suivante de la neutralité : Situation juridique d'une ou plusieurs puissances qui continuent de vivre en paix avec deux ou plusieurs autres qui sont en état de

---

(1) *Op. cit.* 147

guerre. Cette situation comporte, pour les peuples restés pacifiques, l'obligation de n'entraver aucunement l'exercice légitime du droit de guerre des belligérants et, pour ces derniers, l'obligation corrélative de respecter les droits antérieurement acquis par les pays tiers.

C'est à la lumière de ces principes que nous étudierons les rapports réciproques des neutres et des belligérants.

SECTION I

L'opinion publique chez les Etats neutres pendant la guerre

Si les Gouvernements ont gardé une impassibilité absolue dans le conflit anglo-boër, il n'en était plus de même des peuples qui, tenus à moins de réserve, manifestaient, sous toutes les formes possibles, la sympathie que leur inspirait la cause des Boërs.

La presse du monde entier, dans ces manifestations sympathiques, tient le premier rang, et c'est au sein de l'Angleterre elle-même, qu'on peut trouver les sentiments de protestation les plus exaltés, sentiments qu'un député (1) de l'opposition a trouvé moyen de porter jusqu'à la tribune du Parlement britannique, avec des accents d'une éloquence réellement communicative (2). Le sens de l'opinion publique se manifesta, d'une façon particulièrement saisissante, lors du voyage en Europe du Président Krüger. Si le malheureux vieillard dut abandonner tout espoir de secours officiels, après son douloureux pèlerinage, du moins la sympathie générale qu'il rencontra partout, ne fit que l'assurer une fois de plus de la bonté de sa cause et fortifier sa foi patriotique dans le succès final des armes républicaines. Hélas ! Cette espérance ne devait point se réaliser et il n'allait plus rester dans le cœur du peuple vaincu qu'une confiance inébranlable en Dieu et dans sa justice immanente.

Il importe, semble-t-il, de se demander si cette explosion universelle de sympathies populaires, pouvait constituer une rupture de la neutralité et engager de ce chef la responsabilité des Etats où ces manifestations se produisaient. A une époque où l'opinion publique paraît inspirer presque partout la politique nationale, en Europe, comme en Amérique, il y avait lieu de craindre qu'une pression populaire ne s'exerçât sur les Gouvernements

---

(1) *Journal des Débats*, du 2 février 1900.

(2) Voir sur l'état de l'opinion publique : *Revue Bleue*, Lucien Lefoyer, 17 février 1900, p. 195 ; *Questions diplomatiques et coloniales*, 15 octobre 1899, p. 228 et s.

pour les faire sortir de leur neutralité. Le fait que pareille crainte aurait pu amener l'Angleterre à présenter des observations à qui de droit et créer de la sorte des complications diplomatiques, paraît suffisant, à notre avis, pour donner à la question de l'opinion publique une importance de nature à soulever à cet égard une discussion juridique. Les ministres de la Reine, eux-mêmes, ne traitèrent point l'attitude des peuples en quantité négligeable, car ils éprouvaient le besoin, pour calmer l'inquiétude que ces manifestations hostiles soulevaient au sein de la nation anglaise; de répéter à tous les échos que ces démonstrations n'avaient aucune autorité et qu'il ne fallait tenir compte que de la façon d'agir des Gouvernements étrangers, dont l'attitude, vis-à-vis de la Grande-Bretagne, se maintenait dans les limites d'une correcte neutralité. Le Cabinet de Londres était, en cela, d'accord avec les théories en cours à ce sujet (1). Un Gouvernement, en effet, ne saurait empêcher des manifestations purement platoniques, sans porter une entrave sérieuse à la liberté individuelle, garantie, d'une manière générale, par les constitutions politiques modernes. C'est pourquoi les Gouvernements ne se sont pas engagés dans cette voie. En 1870, Bismarck s'était plaint à la Belgique de l'attitude hostile de la presse belge à l'égard de l'Allemagne. On opposa au chancelier

---

(1) Dans ce sens Rivier, *op. cit.*, t. II, p. 384 ; Guelle, *op. cit.*, t. II, p. 273.

une fin de non recevoir, tirée du défaut d'action du Gouvernement sur la Presse. Cette réponse était la seule que l'on pût faire car, comme dit Guelle (1), s'il est vrai que la liberté de tout dire, de tout écrire, soit essentielle en temps ordinaire, il en doit être surtout ainsi aux heures difficiles où des nations sont engagées dans cette procédure brutale et enivrante qu'on appelle la guerre, où, d'une part, le ressentiment de la défaite, et de l'autre, l'orgueil du triomphe, font perdre au vainqueur comme au vaincu la mesure exacte de l'appréciation des choses, et où enfin il est bon, il est nécessaire au maintien du droit que, dans les pays restés à l'abri du fléau, la pensée puisse se produire avec une entière liberté.

Section II

Enrôlements

Cette question, qui se rattache d'une manière très intime aux devoirs des neutres, a suivi, par cela même, à travers l'histoire, toutes les phases de la progression qui devait aboutir à la conception moderne de la neutralité.

---

(1) *Op. cit.*, t. II, p. 273.

Jadis les enrôlements en territoire neutre, par les belligérants, étaient admis sous toutes les formes. Quand le neutre ne recrutait pas pour le compte des belligérants, il laissait ces derniers procéder, eux-mêmes, à cette opération. La chose semblait fort naturelle, surtout quand le système des auxiliaires se fut développé au xive siècle ; des traités sont même passés entre nations, autorisant les enrôlements réciproques(1). Au xviie et au xviiie siècle, si la concession d'enrôlements en pays neutres, sans traité antérieur obligatoire, est encore considérée comme non contraire à la neutralité, certains États, cependant, commencent à s'engager dans la voie du Progrès, en signant des traités, par lesquels chacun renonce, pour soi, à l'exercice du droit de laisser enrôler pour un ennemi éventuel, ce qui était la preuve manifeste de la liberté du droit d'enrôlement. L'expérience avait démontré, d'autre part, que ces enrôlements ne s'effectuaient qu'au détriment des forces vives de la nation, de l'ordre intérieur, et des bons rapports qui liaient le Pays des enrôlés aux adversaires des enrôleurs. Aussi un nouveau progrès se dessine par la résolution prise, dans certains pays, de renoncer à ce droit et d'interdire les enrôlements sur leur territoire. Toutefois, il n'y avait encore, dans ces décisions, aucune reconnaissance d'un devoir de la neutralité, dont le xixe siècle devait donner la seule et véritable notion. Au début

(1) France avec Suisse ; Angleterre avec petits États Allemands.

de ce siècle, en effet, les enrôlements, juridiquement appréciés, seront condamnés et comme constituant un manquement au devoir d'abstention et comme une atteinte portée à la souveraineté d'un Etat neutre. Manquement de devoirs d'abstention, car il y a, dans la tolérance des enrôlements, même pour les deux belligérants, une question de mesure très difficile, sinon impossible à observer, qui, pour le juriste, suffit pour rompre la neutralité; l'atteinte à la souveraineté se dégage, elle, de ce fait que le recrutement est un acte essentiel de souveraineté et le droit exclusif du gouvernement territorial. C'est ainsi que nous entrons dans la phase moderne où l'interdiction des enrôlements sera considérée par les neutres sous son véritable jour, c'est-à-dire comme un droit et un devoir de la neutralité. Ce principe est aujourd'hui admis d'une façon incontestée. Mais, si le neutre a le droit et le devoir d'empêcher ces enrôlements chez lui, il ne saurait aller au delà, sans abuser du droit des individus. Et, si l'Etat neutre peut interdire à ses ressortissants ou aux étrangers résidant sur son territoire, de prendre du service chez un belligérant, il ne peut, d'autre part, assumer la responsabilité d'actes, qu'il n'a ni provoqués ni facilités. L'individu seul est en cause, et l'individu agissant, par lui-même, ne saurait compromettre son gouvernement. Ce dernier, cependant, peut, par un simple exercice de son droit de souveraineté, prononcer contre les enrôlés des peines plus ou moins sévères (1). Ajoutons que cette interdiction doit être prononcée à l'égard des deux belligérants, sinon il y aurait là un manquement à l'impartialité qui est l'essence même de la neutralité. L'Etat, ainsi mis hors de cause, la responsabilité de l'individu est seule engagée : l'application des lois de la guerre pourra donc être faite à ce dernier, qui ne pourra plus réclamer la protection de son pays d'origine, tant que l'adversaire ne sortira point des limites du droit.

Tous les engagements, dans l'armée républicaine, ont eu lieu conformément aux principes que nous venons d'exposer, principes que le docteur Leyds rappelait aux volontaires étrangers, dans une note adressée aux journaux, le 20 janvier 1900, et qui était ainsi conçue :

---

(1) Aux Etats-Unis, le *Foreign-Enlistment Act*, en 1794 d'abord, et plus tard en 1818, le *Neutrality Act*, déclarèrent que toute conscription, engagement ou enrôlement, dans la juridiction des Etats-Unis, de troupes, soldats ou matelots pour un service militaire étranger, soit maritime, soit terrestre, sera réputé *délit*. Des défenses et des peines sont stipulées contre l'action de se laisser enrôler ou d'accepter quelque commission que ce soit en service belligérant.

En Angleterre, le *Foreign-Enlistment Act* du 3 juillet 1819, aurait pour but, d'après le préambule, « d'empêcher l'engagement et l'enrôlement des sujets de S. M. au service belligérant étranger, sans la permission de S. M. »

En Italie, les articles 113-119 du Code pénal interdisent les enrôlements ; l'art 2 du Code civil fait perdre la nationalité, si l'enrôlé ne sollicite pas d'autorisations.

En France, l'art 17 du Code civil 4° prononce la même interdiction ; il est vrai de dire que cette interdiction est générale et s'applique aussi bien en temps de paix qu'en temps de guerre.

« Le nombre des personnes qui désirent rejoindre les armées de la République Sud-Africaine, est-il dit dans cette note, soit en qualité de volontaires, soit en tout autre qualité, a augmenté ces derniers temps, d'une façon si extraordinaire qu'il me semble qu'une partie de la presse politique en dénaturant le véritable état des choses et en fournissant des informations peu précises, induit le public en erreur, bien certainement en dehors de toute intention de le tromper. Par la présente, je prends donc la liberté de déclarer que mon gouvernement ne m'a autorisé, en aucune façon, à engager qui que ce soit, au service de mon pays, et que, par conséquent, aucun enrôlement pour la République Sud-Africaine ne peut avoir lieu sous aucun prétexte en Europe. Toutes les personnes qui auraient à se rendre sur le théâtre de la guerre doivent donc le faire à leurs risques et périls. L'envoi de demandes du genre de celles indiquées ci-dessus ne pourra donc servir qu'à causer un travail inutile aux demandeurs ainsi qu'à la légation, déjà si chargée par la besogne que lui impose la guerre ».

Comme nous l'avons dit plus haut, il en fut ainsi fait partout : les enrôlements, pour l'armée boër, furent tous volontaires et, partant, ne mirent en jeu que la responsabilité de ceux qui s'enrôlèrent.

C'est à tort, à notre avis, qu'on a reproché à l'empereur d'Allemagne d'avoir empêché les officiers de réserve de prendre part à la guerre et les

Compagnies maritimes de Hambourg, subventionnées par l'Etat, d'accepter des passagers de 3e classe pour Delagoa-Bay. L'empereur, en prenant de telles mesures, ne faisait qu'user de son droit de souverain, dont on ne peut que regretter l'exercice en pareilles circonstances. Nous n'en dirons point autant du Portugal, qui ne pouvait appuyer sur aucun droit le refus de délivrer pour le Transvaal des billets de chemin de fer à trente français transportés à Lourenço-Marquez par la *Gironde*. Hâtons-nous de dire que l'énergique attitude de notre consul fit rapporter une mesure, qui n'avait pas encore eu de précédents, et dont l'adoption eût été antijuridique. Voilà, en ce qui concerne l'attitude des neutres au sujet des enrôlements volontaires de leurs nationaux, les remarques qui paraissent se dégager de l'étude de la guerre Sud-Africaine, au point de vue du droit international.

Mais de ce que le Droit des Gens moderne s'oppose au recrutement de sujets neutres par les belligérants, il ne faut pas conclure à l'obligation juridique, pour ces derniers, de n'armer que leurs nationaux. C'est pourquoi, les Anglais essayèrent de tirer parti de la latitude laissée par le Droit International de donner mandat *ad bellum*, même aux étrangers, en créant des raccoleurs, chargés d'opérer en pays neutres. C'est ainsi, qu'en Allemagne et en Hongrie, des poursuites furent exercées contre ces recruteurs. En Belgique, l'organisation de ces enrôlements avait une importance telle que le ministre de la Justice dut intervenir, après enquête, pour mettre fin à cet état de choses (1). A Bilbao, en Espagne, les raccoleurs anglais parcouraient les lieux publics, pour y engager des volontaires au prix de 1500 pesetas (2). En droit strict, ces opérations ne constituaient pas, par elles-mêmes, une violation de la neutralité et elles n'auraient pu revêtir ce caractère que si les Etats neutres, mis ainsi à contribution, n'avaient pas, contrairement à ce qui a été fait, d'ailleurs, empêché, dans la mesure du possible, l'exercice de ce recrutement.

L'organisation de l'armée anglaise reposant particulièrement sur les engagements volontaires, il n'y a pas lieu de s'étonner des efforts énergiques et variés, tentés par le gouvernement de la Reine, pour augmenter le nombre de ses combattants dans l'Afrique du Sud. Il est à remarquer, en passant, que le *Foreign Enlistment Act* interdit aux sujets britanniques d'entrer, sous peines très sévères, au service des étrangers. Déjà, sous Jacques Ier, le service pris à l'étranger était considéré comme un acte de haute trahison.

Disons, enfin, que c'est en grande partie au mode du recrutement de ces soldats d'occasion, que l'armée britannique doit attribuer la longue et funèbre série de ses défaites. Les éléments mercenaires, enrôlés pour la circonstance, man-

---

(1) *Journal des Débats*, 21 décembre 1899.

(2) Le *Noticiero*, 1er février 1900.

quaient de l'esprit de discipline et de patriotisme qui constitue partout, dans les nations normalement organisées au point de vue militaire, les principaux facteurs du succès.

SECTION III

Passage de troupes belligérantes sur territoire neutre

L'État neutre, d'après une résolution de l'Institut de Droit International, à La Haye, en 1875, a le devoir de veiller à ce que son territoire ne serve pas de centre d'organisation ou de *point de départ* à des expéditions hostiles contre l'un des belligérants ou contre tous les deux. Et si, écrit M. Rivier, pour excuser le passage accordé à l'un des belligérants, le neutre invoquait une obligation conventionnelle ou une servitude, l'autre belligérant serait autorisé à le mettre en demeure d'opter entre lui et son adversaire (1). La doctrine et la pratique internationale modernes sont d'accord sur ce point (2).

---

(1) *Op. cit*, II, p. 399.

(2) V. Heilborn, *Rechte und Pflichten der neutralen Staaten in Bezug auf die Wehren des Krieges*, etc. (V. *Revue de Droit intern. et de législ. comparée*, t. XXI (1889), p. 130).

Il est vraiment regrettable que la Conférence de La Haye ait négligé de traiter cette question, pourtant si essentielle, des règles de la neutralité. La fixation de ces règles eût très probablement empêché le Portugal de donner au traité conclu avec l'Angleterre, en 1891, une interprétation abusive et que le Transvaal aurait pu considérer, en toute justice, comme une violation patente de la neutralité.

En consultant la carte de l'Afrique orientale, il est aisé de se rendre compte que la colonie portugaise du Mozambique était admirablement située pour offrir à l'Angleterre la tentation, bien séduisante, de l'utiliser pour le transport plus rapide de ses troupes sur le théâtre des hostilités, et lui permettre ainsi, avec le reste de l'armée, débarquée à Durban, d'enfermer les Boërs dans un cercle dangereux. Si, d'autre part, on considère que le Portugal avait, conclu en 1891, avec la Grande-Bretagne un traité dont les clauses pouvaient, à la rigueur, servir les intentions du Gouvernement anglais, on ne peut être surpris que ce dernier ait saisi l'occasion, superbe pour lui, de tirer un profit immédiat de ces heureuses coïncidences. Le contraire eût plutôt étonné. — Un corps d'armée de 5,000 hommes, sous les ordres du général Carrington, débarqua donc à Beïra, pour rejoindre le camp du général Plummer et coopérer à la délivrance de Mafeking. Il y a lieu d'observer que le Portugal avait, au préalable, accordé ce passage, en basant cette autorisation, non sur la convention du 11 juin 1891 (l'argument eût été faible et nous le démontrerons plus loin), mais sur des engagements secrets, pris par lui envers l'Angleterre, à l'occasion de cette Convention, engagements qui continuaient à le lier, malgré la guerre survenue, depuis, entre l'Angleterre et le Transvaal.

Etablissons, tout d'abord, que des engagements de ce genre ne sauraient représenter qu'un traité d'alliance pur et simple, et, dans ce cas, les Boërs pouvaient mettre le Portugal en demeure d'opter entre eux et leurs adversaires. Cet argument ne tient pas debout, et il faut nous rabattre sur le traité de 1891 de l'étude duquel nous pourrons, peut-être, dégager la valeur juridique de l'autorisation portugaise. — L'article 12 de ce traité était ainsi conçu : « La navigation du Zambèse et du Chiré, sans excepter aucune de leurs branches et de leurs embouchures, sera ouverte aux bâtiments de toutes les nations. — Le Gouvernement portugais s'engage à permettre et à faciliter ce transit *de toutes personnes et marchandises de toute espèce*, par les cours d'eau du Zambèse, du Chiré, du Pongwé, du Bonsi, du Limpopo et du Sabi, et leurs tributaires, et aussi sur les voies de terre qui servent de moyens de communication là où ces cours d'eau ne sont pas navigables ». Cette convention avait été imposée au Portugal au sujet de difficultés que ce pays avait eues avec l'Angleterre à propos de la délimitation de leurs possessions respectives en Afrique, difficultés que cette dernière nation exploita, au point de se faire attribuer, par un traité conclu en 1890, le vaste territoire situé entre les possessions portugaises des côtes orientale et occidentale. La nécessité de préciser les nouvelles frontières donna lieu à un traité, qui est celui de 1891, et qui assure, dans l'article 12 cité plus haut, la communication de l'Angleterre avec ses possessions enclavées dans le territoire portugais. En donnant libre passage aux personnes et aux marchandises, la Convention de 1891 ne fait que reconnaître une nécessité économique, mais enserre ce droit dans les limites mêmes de cette nécessité. Il est évident que pour permettre à l'Angleterre d'exploiter ses nouvelles possessions, il fallait que le Portugal consentît à cette sorte de servitude, imposée par la situation naturelle des lieux (1). De cette situation même ressort le caractère économique de la Convention de 1891, caractère qui s'affirme plus énergiquement encore, par ce fait que l'avantage du transit est général, et que toute autre nation que l'Angleterre pourrait invoquer la clause à son profit. Si l'Angleterre avait entendu donner à ce traité une portée stratégique, la stipulation en aurait été expresse et la chose n'aurait pas été sans difficultés auprès des puissances intéressées au sort du continent africain. Stipuler un droit au passage pour son armée eût été, pour

(1) C'est en somme, en droit international, ce qui se passe parfois en droit privé. Ex. : l'art. 682 de notre Code civil.

l'Angleterre, démasquer trop naïvement ses batteries et nous savons trop, avec quelle prudence diplomatique, cette puissance a l'habitude de conduire ses affaires extérieures.

Mais enfin, à supposer que la Convention de 1891 obligeât le Portugal à laisser passer, sur son territoire, les troupes anglaises, pouvait-il, en l'exécutant pendant la guerre, prétendre ne pas manquer à la neutralité ? La solution donnée sur ce point a varié, mais il y a tendance aujourd'hui à résoudre la question dans un sens plus conforme au véritable esprit de la neutralité laquelle ne peut se réaliser que dans une abstention sans réserves. Il semble qu'en s'en tenant aux seuls principes élémentaires et indiscutables du droit, on arrive aisément à cette solution. Et pour cela il n'y a, à notre avis, qu'à se demander quels sont, au point de vue juridique, les effets d'une Convention quelconque. Or, nous savons qu'un contrat n'engage que les parties contractantes et que ses termes ne sauraient être opposés à un tiers. Dans le cas particulier, la personne tierce était le Transvaal, dont les rapports avec le Portugal devaient être réglés non par un traité que la République Sud-Africaine n'avait pas signé, mais par les principes généraux de la neutralité, principes violés, vis-à-vis du Transvaal, par le passage accordé à son adversaire.

De tout ce qui précède, nous concluerons que le Portugal, en la circonstance, ne devait rien à l'Angleterre et que l'autorisation accordée fut volontaire, constituant bel et bien une rupture de la neutralité, malgré les dénégations du Gouvernement portugais auprès de celui du Transvaal. La nation portugaise, d'ailleurs, allait se donner elle-même un démenti éclatant, quand le gouverneur de Beïra, représentant officiel de ce pays, accueillait le général Carrington et ses officiers par les paroles suivantes :

« Amis de l'Angleterre, comme nous l'avons toujours été, nous n'aurions jamais pu nous rendre compte de l'union splendide de la race Anglo-Saxonne, sans une semblable leçon de choses. Pénétré de cette vérité, le Portugal non seulement félicite son ancienne alliée, mais se réjouit avec elle, car la grandeur d'un ami implique la grandeur de soi-même ». Quelque délicate que fut la situation du Portugal vis-à-vis de l'Angleterre, nous estimons que cette puissance aurait gagné en dignité et en force, en laissant les Anglais violer son territoire. Qui pourrait affirmer que d'une pareille attitude, ne pût naître, pour le Transvaal d'abord, et le reste du monde ensuite, des événements susceptibles de donner à la guerre une autre tournure et de modifier la politique anglaise dans un sens plus conforme au droit et à la conscience universelle des peuples.

Note. — Nous croyons utile de donner connaissance de la lettre écrite d'une part, par M. Cinatti, consul général du Portugal à Prétoria au gouvernement du Transvaal et, d'autre part, la réponse de M. Reitz, secrétaire d'État du Transvaal.

Lettre de Cinatti, 8 mars 1900 :

Section V

Fournitures diverses faites aux belligérants par les Neutres

On a reproché aux Etats-Unis et à l'Italie d'avoir fourni à l'Angleterre un nombre assez considérable de mulets sur lesquels, entre parenthèses,

---

« Le Gouvernement portugais vient d'être informé que, d'après des déclarations réciproques échangées par des notes à l'occasion du traité de 1891, sur le droit de passage de troupes et matériel de guerre par le territoire portugais de l'Afrique orientale vers l'Hinterland dans la sphère d'influence anglaise et réciproquement, le gouvernement britannique va lui faire la demande formelle de lui accorder des facilités au passage du personnel et du matériel de guerre par Beira vers l'Hinterland anglais. Le Gouvernement portugais ne pouvant pas nier ce droit, en l'accordant, ne fait plus qu'accomplir une convention réciproque longtemps avant que l'actuelle guerre pût être prévue ; cet accomplissement ne peut donc être envisagé comme une assistance indispensable donnée à un des belligérants ni, partant, violation des devoirs imposés par la neutralité, outre qu'il ne signifie pas quelque sorte d'atteinte aux bonnes relations d'amitié que le gouvernement portugais désire toujours continuer à maintenir avec le gouvernement de la République Sud-Africaine ».

Lettre de M. Reitz : Le Gouvernement de la République Sud-Africaine a appris avec infiniment de peine que le Gouvernement portugais avait jugé bon d'accorder au Gouvernement britannique, sur sa demande, l'autorisation de faire passer des troupes et du matériel de guerre par Beira et l'Hinterland, dans la sphère d'influence anglaise :

Le Gouvernement portugais a cru devoir commettre cette violation de la neutralité, qu'il a toujours observée jusqu'ici, parce qu'il s'y est cru obligé par certaines déclarations échangées, lors de la signature du traité de 1891. Le gouvernement de Prétoria désire insister sur ce point que cet échange de déclarations n'avait pas

les Anglais ont fait retomber la responsabilité d'une grande partie de leurs défaites, et non des moindres. Le même reproche a été adressé à l'Espagne, qui aurait livré, en plus, à l'Angleterre 60,000 obus, fabriqués à l'usine de Plasencia (provinces basques). En Hongrie, les Anglais ont fait de véritables rafles de chevaux à propos desquelles, du reste, une interpellation a été adressée au ministre de la guerre d'Autriche, le 12 mars

---

été livré à la publicité, et qu'avant l'explosion de la guerre, à laquelle le Transvaal a été forcé par la Grande-Bretagne, on ne lui avait pas donné communication de conventions de cette espèce. Ces conventions ne peuvent pas être mises en vigueur pendant la durée d'une guerre dans laquelle le Portugal a déclaré vouloir rester neutre. Si en effet, une convention de ce genre a été conclue, elle ne peut pas être exécutée par l'État neutre, aux dépens d'une tierce partie, pendant que l'état de guerre existe entre la République Sud-Africaine et la Grande-Bretagne et l'Irlande. La neutralité suspend l'effet d'une telle convention absolument de la même manière qu'elle a mis hors vigueur l'article 6 du traité entre la République Sud-Africaine et le Portugal, traité qui a été rendu public et approuvé par le Gouvernement britannique. La République Sud-Africaine s'est vue, contre sa volonté, impliquée dans une guerre avec la Grande-Bretagne et l'Irlande, et le passage des troupes anglaises par le territoire portugais ne peut se faire qu'aux dépens des armées républicaines et ne pourrait constituer, de la part du Portugal, qu'une violation de la neutralité qui, le gouvernement de Prétoria le reconnaît bien volontiers, jusqu'à l'heure actuelle, a été loyalement observée par le Portugal. La République Sud Africaine n'a cessé d'estimer très haut les rapports amicaux qui ont si heureusement existé jusqu'ici en vertu des traités et d'arrangements amiables avec le Portugal et regrette vivement de voir le Royaume de Portugal tout d'un coup faciliter l'arrivée de troupes ennemies et de le voir se transformer de puissance neutre en alliée de nos ennemis. La République Sud-Africaine juge qu'il est de son devoir de protester, ainsi qu'elle le fait par la présente, contre ce passage de troupes et de matériel de guerre. Je prie Votre Excellence de donner connaissance de ma lettre à votre gouvernement ». — Signé : F.-V. Reitz, secrétaire d'État.

1900. Il était nécessaire, pour apprécier ces faits au point de vue du Droit International, d'établir tout d'abord une distinction entre les actes accomplis par de simples particuliers et ceux émanant d'un Etat, en tant que puissance publique. En négligeant ces distinctions on courait le risque d'une fausse interprétation des actes incriminés. C'est ce qui est arrivé, d'ailleurs, car il est reconnu que les fournitures, dont il s'agit, n'ont été que le fait de l'initiative individuelle. On ne peut, en conséquence, faire grief à un Etat d'avoir toléré, de la part de ses nationaux, la vente, sous leur responsabilité, de leurs marchandises, alors que l'enrôlement volontaire de leurs propres personnes ne constituait pas, comme nous l'avons vu, une rupture de la neutralité. C'est uniquement sur des raisons d'ordre moral que ces reproches se basent, car l'Angleterre se trouvant, par rapport au Transvaal, surtout au point de vue maritime, dans une situation privilégiée, toute rupture de l'équilibre de la neutralité ne pouvait se produire qu'à son avantage. C'est à un sentiment de ce genre que paraît avoir obéi l'empereur d'Allemagne, en empêchant la maison Krupp de livrer les commandes de munitions qui lui avaient été faites par l'un des belligérants.

CHAPITRE II

OPÉRATIONS MARITIMES

Considérations générales. — Nous traiterons, dans le présent chapitre, toutes les opérations de la guerre Sud-Africaine qui ont eu la mer pour théâtre. C'est dans l'étude de ces faits qu'apparaît toute l'importance qu'il y avait à rechercher, au début de ce travail, si la guerre en question était internationale ou civile.

Ce point ainsi éclairci va nous permettre de juger, conformément aux principes qui régissent la neutralité, tous les actes des belligérants et des neutres se rapportant au côté maritime des hostilités. L'un des belligérants, l'Angleterre, étant seule puissance maritime, on ne saurait parler ici de course ou de blocus. Cependant, comme on avait annoncé, au mois de juillet 1900, que le Transvaal songeait à armer des corsaires, il paraît intéressant de se demander si, n'étant pas puissance maritime, ce pays aurait pu le faire.

La République Sud-Africaine n'étant pas signataire de la Déclaration de Paris de 1856, rien ne s'opposait donc, en droit, à ce qu'elle recourût à la guerre de course. Mais, en fait, comment aurait-elle pu mettre ce projet à exécution, puisqu'elle n'était pas pays maritime? La guerre de course suppose naturellement l'emploi de navires et d'hommes qui ont besoin de s'armer, de s'approvisionner, et l'existence de ports nécessaires à ces diverses opérations. Or, le Transvaal, en admettant qu'il pût se procurer des navires et les armer par ses propres moyens, ne pouvait assurer leur entretien, qu'en s'adressant aux neutres. Mais ces derniers, nous le savons, sont tenus à une abstention complète dont ils se seraient, forcément, départis, en accueillant la demande éventuelle des Boërs. D'autre part, l'armement de corsaires aurait provoqué, de la part des neutres, que le Transvaal avait tout intérêt à ménager, une irritation d'autant plus grande que, comme dit M. Despagnet, si les corsaires soumis à une réglementation sévère ont donné lieu à tant de justes réclamations, combien moins aurait-on pu se fier à ceux qui, soit par entraînement, soit pour tout autre motif, auraient eu toute latitude, faute de contrainte possible sur eux, de commettre tous les excès. Il y avait donc impossibilité matérielle pour le Transvaal de songer sérieusement à la course, qu'il n'aurait pu organiser avec quelque apparence de logique, que s'il eût été en situation de prendre jour sur la mer, en annexant régulièrement le Natal.

L'impossibilité de la course et du blocus étant ainsi démontrée, le présent chapitre se résumera, par conséquent, dans l'étude des faits qui se rattachent à la contrebande de guerre. Et, à ce sujet, nous n'avons, pour nous guider dans l'analyse juridique des opérations maritimes, que la Déclaration de Paris de 1856 et les résolutions de l'Institut de droit international (1), dans les sessions de 1875 et de 1896, dont les principes paraissent résumer toute la doctrine en la matière.

---

(1) La Déclaration de 1856 est contenue dans les quatre articles suivants :

Article 1er. — La course est et demeure abolie.

Art. 2. — Le pavillon neutre couvre la marchandise ennemie, à l'exception de la contrebande de guerre.

Art. 3. — La marchandise neutre, à l'exception de la contrebande de guerre, n'est pas saisissable sous pavillon ennemi.

Art. 4. — Les blocus, pour être obligatoires, doivent être effectifs, c'est-à-dire maintenus par une force suffisante pour interdire réellement l'accès du littoral ennemi.

Nous nous bornerons, en ce qui a trait aux résolutions de l'Institut de droit international, à citer uniquement l'alinéa 2 de l'article 1er de la résolution votée par cet Institut dans la session de 1896, et qui est ainsi conçue : « La destination pour l'ennemi est présumée, lorsque le transport va à l'un de ses ports ou bien à un port neutre, qui, d'après des preuves évidentes et de fait incontestables, n'est qu'une étape pour l'ennemi, comme but final de la même opération commerciale ».

Section I

Droit de visite

Une grande question paraît devoir être posée ici tout d'abord. Le droit de visite, même en pleine mer, appartenait-il à l'Angleterre? Oui, si la guerre avait un caractère international; non, dans le cas contraire. Dans cette dernière hypothèse, le droit de visite ne pouvait être exercé que dans les eaux territoriales britanniques. Or, nous savons maintenant, que l'Angleterre, après bien des hésitations, s'était résolue à considérer la guerre Sud-Africaine comme un conflit international. Elle devait donc conduire les hostilités d'après les principes du Droit des Gens et, dans le cas particulier, c'est-à-dire dans ses opérations maritimes, elle semble avoir parfois enfreint les règles qui régissent la matière. Si la contrebande de guerre peut être réprimée par le droit de visite, l'exercice de ce droit, pour être légitime, ne peut avoir lieu qu'en pleine mer ou dans les eaux territoriales des belligérants. Visiter des navires dans les eaux neutres, serait une atteinte incontestable à la souveraineté des propriétaires. Or, l'Angleterre paraît avoir oublié ces principes, dès le début des hostilités. On écrivait de Lisbonne, en effet, le 2 novembre 1899, qu'un croiseur britannique avait tiré sur un voilier qui entrait dans la baie portugaise de Delagoa, sans arborer son pavillon. Le même fait se serait également produit dans les mêmes eaux, à l'occasion de l'entrée d'un navire norvégien qui ne se serait pas arrêté au coup de *semonce* (1). Nous avons tenu à discuter immédiatement ces faits, de manière à ne plus y revenir par la suite et à ne plus traiter que la question plus importante de la contrebande, dont l'étude amène nécessairement celles de sa définition, de sa confiscation, des conditions de confiscation et de toutes les conséquences juridiques qui peuvent en résulter.

Section II

Contrebande de guerre

La Déclaration de 1856, par la brièveté de sa teneur, paraît, à première vue, comporter une précision qu'elle est cependant loin de posséder. Il aurait fallu, pour qu'il en fut ainsi, que la contrebande de guerre, dont la répression est de nature à paralyser le commerce des neutres, eût

(1) *Journal des Débats*, du 10 Janvier 1900.

été, au préalable, l'objet d'une définition, dont nous ne pouvons malheureusement que constater l'absence. On doit ajouter, pour être juste, que le Congrès de Paris ne s'était pas réuni à cette fin, et qu'il ne pouvait songer, dès lors, à la codification de tout le droit de la guerre maritime. Mais on peut exprimer le regret cependant que les puissances, en 1856, n'aient pas profité de l'occasion pour définir la contrebande, dans un texte dont la précision aurait coupé court à toute subtilité juridique. On pourrait objecter, il est vrai, que l'Angleterre, qui n'avait signé cette déclaration qu'à contre-cœur (1), se serait opposée énergiquement à la conclusion d'un traité qui pût, dans l'avenir, paralyser d'une manière quelconque sa politique d'impérialisme. Mais enfin, le fait qu'une tentative de définition de la contrebande de guerre, que le Congrès de Paris n'était pas sans connaître, avait eu lieu déjà en 1780, aurait dû pousser les congressistes à s'engager dans cette voie. Catherine II de Russie avait, à cette époque, annoncé son intention d'affranchir le commerce des neutres, en étendant « à toutes les puissances en guerre » les obligations stipulées par le traité anglo-russe du 20 juin 1766 (art. X et XI). Or le traité contenait cette énumération restrictive : « Tous les canons, mortiers, armes à feu, pistolets, bombes, grenades, boulets, balles,

(1) La Grande-Bretagne avait, à l'époque, besoin de la France, pour régler les affaires de Crimée.

fusils, pierres à feu, mèches, poudre, salpêtre, soufre, cuirasses, piques, épées, ceinturons, poches à cartouches, selles et brides au delà de la quantité qui peut être nécessaire pour l'usage du vaisseau, ou au delà de celle que doit avoir chaque homme servant sur le vaisseau et passager, seront réputés munitions et provisions de guerre ». Dans sa session de 1896, à Venise, l'Institut de droit international confirma les principes de 1780, il limita les articles de contrebande (objets destinés ou pouvant être employés immédiatement à la guerre). Il abolit la contrebande relative (*usus ancipitis*) et accidentelle ; il permit cependant au belligérant d'exercer, moyennant indemnité, un droit de séquestre ou de préemption sur les objets qui, en chemin vers un port de son adversaire, peuvent également servir à la guerre et à des usages pacifiques.

Il semble donc bien résulter de ce que nous venons d'exposer, que la pratique internationale moderne n'a pour se guider, en matière de droit maritime, en dehors de la Déclaration de Paris, que les principes adoptés par l'Institut de droit international, que nous résumerons de la manière suivante :

1° Limitation de la contrebande aux objets d'usage indispensables à la guerre ;

2° Droit de séquestre ou de préemption sur les objets mixtes, saisis en cours de route ;

3° Confiscation possible de la contrebande transportée vers un port neutre, à condition que la véritable destination soit prouvée par des faits incontestables.

Afin de répondre à une objection possible, nous ferons remarquer que si dans tout ce chapitre un seul belligérant est en jeu, cela tient, comme nous l'avons déjà dit, à ce que l'Angleterre est le seul pays maritime dans le conflit, et que, première puissance navale du monde, il est du plus haut intérêt pour l'avenir du droit international, de rechercher comment cette nation entend résoudre les problèmes, d'ordre maritime, se rattachant à ce droit.

Cela étant dit, il importe d'établir tout d'abord, si en ce qui a trait aux expéditions faites par mer aux deux Républiques, la répression de la contrebande est une chose possible. Cela reviendrait, selon nous, à discuter une fois de plus l'interprétation qu'il conviendrait de donner à la *théorie du voyage continu*, théorie à propos de laquelle des divergences existent encore. Il serait présomptueux, de notre part, de chercher la solution d'un problème à l'étude duquel tant d'hommes éminents se sont attachés, et, d'ailleurs, le cadre de ce modeste travail ne comporte pas pareil développement. Nous ne nous arrêterons pas non plus à l'exposé d'une théorie connue du monde du droit, et nous nous bornerons seulement à constater, dès à présent, que l'Angleterre a donné à ces théories une extension inusitée, puisque ni l'Orange ni le Transvaal n'avaient accès à la mer. Elle pouvait, il est vrai, arguer des termes ambigus de la résolution de 1896 et conclure, de cette ambiguité, à l'application, possible au Transvaal, de sa nouvelle théorie. « Mais, dit M. Despagnet (1), la question n'a pas été directement résolue ni même abordée par l'Institut : le texte qu'il a adopté, bien qu'excluant, semble-t-il, la théorie du voyage continu, dans tous les cas, même quand il s'agit de contrebande expédiée à un port neutre pour parvenir, par voie de terre, à un pays ennemi non maritime, a été voté dans une pensée très différente par chaque membre, les uns écartant la continuité de voyage, les autres l'acceptant toujours pour la contrebande de guerre, les autres dans le cas seulement où cette contrebande est envoyée à un port neutre pour être expédiée à un Etat belligérant qui n'a pas de débouché sur la mer. » (2) Elle pouvait encore, avec plus de raison cette fois, invoquer le précédent du 8 août 1896. On sait, en effet, qu'à cette époque où l'état de guerre existait entre l'Italie et l'Abyssinie, un navire hollandais « *le Dœlwyk* » fut saisi par le croiseur italien *l'Etna*, tandis qu'il se dirigeait vers le port français Djibouti, le 3 décembre de la même année. La commission des prises, siégeant à Rome, valida la saisie, en prétendant que la contrebande devait, par voie de terre, parvenir à l'Abyssinie, qui n'a pas de débouchés sur la mer.

Mais enfin, un précédent n'est pas un droit et

---

(1) *Op. cit.*, p. 191.
(2) Voir le texte de la résolution à la p. 135, note.

l'Angleterre ne pouvait, sans danger pour la sincérité de ses principes, substituer, du jour au lendemain, une théorie plus adéquate, en vérité, à ses intérêts du moment, mais contraire aux principes qui, jusqu'alors, avaient guidé sa politique navale. En 1863, nous avons vu cette puissance protester avec énergie contre la saisie du *Springbock*, dont l'aventure est devenue classique. En 1885, les mêmes protestations se produisent, mais s'adressant cette fois à la France, qui prétendait saisir tout navire étranger transportant de la contrebande à *Hong-Kong*, port britannique d'où les fournitures devaient, d'après la France, parvenir en Chine, alors en guerre avec elle. Dans ces deux cas, l'Angleterre invoqua le droit des navires neutres de voyager librement et sans contrôle vers un port neutre. La Grande-Bretagne restera-t-elle fidèle à ces doctrines pendant la guerre Sud-Africaine? Malheureusement non, et son intérêt qui voulait, à cette époque, la répression de la contrebande expédiée au Transvaal et à l'Orange, qui ne sont pas Etats maritimes, triompha des principes qui s'étaient affirmés, quelques années auparavant, d'une façon si rigide. Il faut ajouter, cependant, que si, depuis 1896, l'extension à donner à la théorie du voyage continu est encore chose flottante en doctrine, la pratique internationale tend, malgré tous les arguments de valeur qui militent en sens inverse, à suivre la voie où s'est engagée l'Angleterre. C'est dire que nous ne cherchons pas à contester à cette puissance un droit que d'autres ont déjà exercé, mais que nous tenons à signaler les fluctuations d'une attitude qui, s'inspirant plus souvent de l'intérêt que des principes, est de nature à compromettre les destinées du Droit International.

C'est ainsi que le Gouvernement britannique opéra la saisie, le 8 décembre 1899, du vapeur américain *Mashona*, qui transportait à Lourenço-Marquez un chargement de farine. Cet événement causa une émotion considérable aux Etats-Unis, dont la presse se répandit en diatribes violentes contre l'Angleterre. Le 29 décembre, on apprenait encore la saisie, par les Anglais, du steamer *le Bundesrath*, de la Compagnie allemande de l'Afrique orientale et, quelque temps après, la saisie successive du *Hans Wagner*, du *Herzog*, du *Général*, navires allemands qui se rendaient dans la colonie portugaise du Mozambique.

La saisie des navires américain et allemands dont nous venons de parler, va également nous permettre de traiter le point intéressant de la contrebande de guerre proprement dite et de montrer l'opposition qui, en la matière, existe entre l'Angleterre et les autres puissances. Si ces dernières, en effet, cherchent à limiter la notion de contrebande à ce qui est de stricte nécessité pour les belligérants, et à enlever aux *vivres*, dans la plus large mesure, le caractère de contrebande, la Grande-Bretagne, au contraire, tend à étendre le plus possible la même notion et à paralyser, par la répression qu'engendre naturellement cette extension, tout le commerce des neutres. La Déclaration de Paris de 1856, s'est bornée, comme on le sait, à nommer la contrebande sans la définir. L'Institut de droit international, par contre, a tenté, en 1896, l'essai d'une définition que l'Angleterre, seule, paraît décidée à ne pas adopter. Souscrire à semblable résolution (1) eût été, pour les Anglais, s'imposer l'obligation d'assister impuissants, surtout dans le conflit anglo-boër, au réapprovisionnement de son adversaire, ce qu'ils ne voulaient point, et à laisser le commerce des neutres s'exercer en toute liberté, ce qu'ils voulaient encore moins. Le libre exercice de ce commerce ne pouvait avoir lieu, d'après l'Angleterre, qu'au détriment du sien, et ce n'est pas de la sorte que les Anglais entendaient pratiquer la charité internationale.

Il est permis, toutefois, d'être quelque peu étonné d'une pareille attitude, non seulement parce qu'elle nous montre de nouveau les Anglais en opposition avec leurs théories et leur conduite antérieures, mais encore et surtout parce que l'application par l'Angleterre de ces nouveaux principes, au cours de la guerre Sud-Africaine, ne paraît pas d'accord avec l'esprit de prévision habituel de la nation britannique. Les théories du passé, nous les rencontrons dans le *Manual*

---

(1) Voir p. 155, note.

of naval prize law (1) de 1888 (n°s 64 et 65, p. 20), et la mise en pratique des principes du Manual dans la conduite de l'Angleterre en 1885, au moment de la guerre Sino-Française. La France ayant émis à cette époque la prétention de déclarer contrebande de guerre le riz transporté en Chine, l'Angleterre, que cette mesure gênait, protesta énergiquement, en alléguant que le riz n'aurait pu être saisi que s'il était prouvé qu'il devait servir au ravitaillement des flottes ou armées ennemies. Et quant à l'esprit d'imprévoyance dont l'Angleterre fit preuve dans l'Afrique du Sud, ne semble-t-il pas ressortir de ce fait que l'existence même de la nation anglaise est subordonnée à la sûreté de ces importations, qu'un adversaire éventuel, de taille à lutter avec le colosse britannique, cherchera peut-être à arrêter par tous les moyens. Autrement dit, l'Angleterre se plaît aujourd'hui à fourbir des armes qui pourraient un jour la frapper elle-même au cœur.

L'application, en Afrique, de sa nouvelle doctrine, ne semble pas, d'ailleurs, avoir beaucoup servi l'Angleterre, car le navire américain *Mashona* dont le seul tort, aux yeux du Cabinet de Londres, était de transporter de la farine à Lourenço-Marquez, fut presque aussitôt relâché

---

(1) D'après ce Manual, l'Angleterre répute les vivres objets de contrebande conditionnels, par conséquent susceptibles de saisie, toutes les fois qu'on peut croire qu'ils seront utilisés par l'ennemi *pour soutenir sa résistance militaire.*

que saisi. Cette capture, nous l'avons dit, avait soulevé une émotion générale en Amérique. Entre autres journaux, le *Sun* écrivait à ce sujet : « C'est une tentative de suicide : Si l'Angleterre ne peut subjuguer les Boërs sans établir un tel précédent, mieux vaut cent fois pour elle rappeler ses soldats et reconnaître l'indépendance du Transvaal ». Entre temps, la Cour des prises coloniales était saisie. Un télégramme du 11 janvier annonçait que le vapeur était relâché, mais que la cargaison était retenue pour plus amples informations. La diplomatie entra alors en scène, et les deux chambres du Congrès s'échauffèrent, au point que la résolution suivante fut votée au Sénat américain : « Les États-Unis ne reconnaissent à aucune nation le droit de déclarer les denrées alimentaires contrebande de guerre, ni de les saisir pour cette raison, et que toute saisie de cette nature serait réputée par eux, acte anti-amical ». C'était clair et net. Comment l'Angleterre allait-elle sortir de cette impasse? Remarquons que, dans le cas particulier, il s'agissait d'un pays avec lequel le Cabinet de Londres désirait entretenir les meilleures relations. Ce fut un jurisconsulte américain, M. Crammond Kennedy, qui fut pour le gouvernement de la Reine le *Deus ex machina*, et qui se tira d'embarras au moyen d'un télégramme que M. Crammond adressait, le 25 février, au *New-York Herald*. « Cette réexpédition, était-il dit dans ce télégramme, devrait être réglée par la clause du droit international relative au voyage ininterrompu, ainsi qu'il avait été décidé pendant la guerre de Sécession, notamment dans l'affaire de *Springbok*. *L'onus probandi* sera, dans ce cas, à la charge du gouvernement anglais. La puissance qui saisit la cargaison *est tenue de prouver* qu'elle était expédiée contrairement aux règles établies. Si les céréales étaient destinées aux Boërs et *que cela fut démontré*, le droit de les capturer en pleine mer est indiscutable. » L'Angleterre, qui sait quelquefois lire entre les lignes, autorisa, à la suite de ce conseil amical, le capitaine du *Mashona* à prouver, dans le délai de trois semaines, qu'il n'avait jamais eu l'intention de négocier avec les Boërs. La cause des Etats-Unis était alors gagnée et cet échec, pour l'Angleterre, inaugurait la série de déboires plus sérieux que cette puissance allait essuyer encore, de ce chef, avec l'Allemagne. Nous savons déjà, en effet, que le 29 décembre 1899, les Anglais avaient mis la main sur le *Bundesrath*, qui faisait le service de l'Afrique orientale allemande. L'émotion causée par cet événement fut grande à Hambourg, siège social de la Compagnie à laquelle appartenait le navire saisi, et dans toute l'Allemagne. Le Cabinet de Berlin, sollicité par la chambre de commerce de Hambourg, adressa à Londres une violente protestation. L'armateur du *Bundesrath*, d'autre part, s'inscrivit en faux contre les allégations des autorités anglaises, qui prétendaient que ce navire contenait des soldats étrangers pour le Transvaal et de la contrebande de guerre (1). On reconnut, après enquête, que le *Bundesrath* ne transportait que des fusils de chasse, inutiles pour la guerre et portés, d'ailleurs, sur le connaissement. La presse et le peuple d'Allemagne s'irritèrent contre l'Angleterre, et ce mouvement d'hostilité ne fit que s'accentuer quand on apprit coup sur coup la saisie de *Hans Wagner*, des paquebots *Herzog* et *Général*, et de la barque *Marie* qui venait d'Australie avec un chargement de farines pour le Transvaal. Comme le Parlement américain, celui d'Allemagne s'en mêla. Une interpellation fut même portée à la tribune. La réponse du ministre des affaires étrangères (M. de Bülow) fut ce qu'en attendaient les députés, qui la saluèrent de patriotiques applaudissements. Le Ministre déclara qu'on avait illégalement convoyé le *Herzog* à Durban, illégalement débarqué le chargement du *Bundesrath* et du *Général*, sans qu'il y eut une suspicion fondée de contrebande. Après avoir annoncé le relâchement de tous les navires capturés et la promesse faite par le Gouvernement britannique de donner des indemnités à qui de droit, M. de Bülow terminait ainsi : « Nos bonnes relations avec l'Angleterre ne peuvent se maintenir que sur la base d'une parité complète de droits et d'égards mutuels ». Reconnaître le principe d'une indemnité revenait donc, pour l'Angleterre, à reconnaître que la simple

(1) On disait 7,000 selles, 5,910 canons, 50 tonnes de projectiles.

présomption de fraude ne pouvait suffire dans une guerre où l'un des belligérants n'ayant pas de marine, toutes les marchandises provenant des pays neutres et transportées par ces derniers, pouvaient revêtir un caractère douteux. Et enfin, en admettant même que cette présomption pût être justifiée, il aurait fallu mettre, dans l'exercice du droit de visite, des formes imposées par la coutume internationale et que l'Angleterre n'aurait pas toujours observées. Il paraîtrait, en effet, d'après le capitaine du *Général*, que lors de la visite de ce navire, sa cargaison aurait été bouleversée, les caisses et divers autres objets brisés, et les marchandises exposées à la pluie qui en aurait amené la détérioration.

CHAPITRE III

COMMUNICATIONS POSTALES ET TÉLÉGRAPHIQUES

L'étude de ce sujet emprunte son importance à la possibilité, pour les belligérants, par les communications postales ou télégraphiques, de changer subitement leurs dispositions tactiques ou politiques, de façon à donner aux événements une tournure plus favorable au pays qui les adopte.

Les communications peuvent avoir lieu, soit entre les neutres exclusivement, soit entre les neutres et les belligérants. S'il est incontestable que l'un de ces derniers peut, dans un but militaire, couper les relations de son adversaire, il n'en est pas moins admis que les neutres, de leur côté, peuvent prétendre au maintien du droit qu'ils avaient, avant la guerre, d'échanger entre eux ou avec les belligérants des communications postales ou télégraphiques. Il s'agit donc de savoir dans quelle mesure, juridiquement, ce droit peut s'exercer de part et d'autre, et quelle application a été faite, dans l'Afrique du Sud, des principes qui régissent la matière.

La question des communications postales et télégraphiques, par voie de terre, se présente, dans le cas particulier, sous la forme la plus simple et la plus classique. En effet, les dépêches provenant des Etats républicains ou y expédiées par cette double voie, traversaient nécessairement des territoires anglais ou neutres, de telle sorte que dans l'un, comme dans l'autre cas, les belligérants se heurtaient à des règles juridiques très précises et qu'on peut résumer ainsi : Sur leur propre territoire ou sur celui de leur ennemi, les belligérants jouissaient d'une liberté absolue d'action qui disparaissait dès que les voies postales ou télégraphiques empruntaient un terrain neutre. La matière se trouve ainsi épuisée et nous n'insisterons pas.

Si l'on tient compte, d'autre part, que les deux Républiques Sud-Africaines n'étant pas Etats maritimes, ne pouvaient communiquer avec l'extérieur de l'Afrique qu'en ayant recours au service postal maritime des pays neutres, on constatera que la seule question à étudier, ayant un intérêt juridique réel, est celle des conditions que l'un des belligérants a entendu imposer au droit existant, pendant la guerre, soit en ce qui concerne le service postal par navire neutre, soit en ce qui a trait à l'usage qui a été fait, par les puissances neutres, des câbles sous-marins. Nous consacrerons, par conséquent, une section spéciale à ces deux sujets.

Section I

Correspondance postale par voie maritime

D'après l'Institut de droit international (session de 1896), la doctrine semblerait fixée dans le sens ci-après : Le transport de dépêches, au titre des belligérants, est considéré comme acte contraire à la neutralité. Cette interdiction s'applique à toute dépêche entre deux autorités d'un belligérant qui « se trouve sur quelque territoire ou navire lui appartenant ou occupé par lui ». Cette résolution n'est que la conséquence de cette idée éminemment juridique, que le neutre est tenu au devoir d'abstention; s'il en sort, il y a rupture de la neutralité; or, l'Etat neutre qui assure, par son intermédiaire, la communication entre deux autorités d'un belligérant ne s'abstient plus, nécessairement, puisqu'il favorise, dans une certaine mesure, les combinaisons militaires, politiques ou autres de ce belligérant. Mais, sagement, du reste, l'Institut n'a pas voulu apporter la même interdiction à la correspondance échangée par paquebots chargés d'un service postal régulier (1). Il a considéré qu'une décision de

(1) Les Etats-Unis, pendant la guerre de Sécession, et la France, en 1870, avaient laissé communiquer dans ces conditions.

cette nature paralyserait le droit de correspondance des neutres et mettrait ces derniers à la merci des belligérants. Dans la même session, il a été décidé qu'aucune entrave ne pourrait être apportée à la liberté de communication entre les neutres et les belligérants, dont les intérêts réciproques, pour être sauvegardés, peuvent à certains moments faire de cette correspondance une nécessité. En ce qui la concerne particulièrement, l'Angleterre se laisse guider, en principe bien entendu, par son *Manuel des prises maritimes* (N° 97, p. 27), qui interdit aux neutres le transport des dépêches de l'ennemi, c'est-à-dire « les communications officielles, importantes ou non, entre officiers militaires ou civils au service de l'ennemi, sur les affaires publiques de leur gouvernement ». L'Angleterre se trouve sur ce point, d'accord avec la doctrine générale, mais elle s'en sépare en étendant cette interdiction même à la correspondance échangée par navires postaux (1). Exception est faite, cependant, pour les communications officielles entre le gouvernement ennemi et ses ambassadeurs ou consuls résidant en pays neutre, et pour celles échangées entre les gouvernements neutres et le gouvernement ennemi. Mais, ce qui ne se comprend plus, c'est l'interdiction faite aux agents des pays neutres de com-

(1) Hall. *A treatise intern. law*, 4e édit. 1895, § 252. — J. Lawrence, *The principales of. intern. law*, 1895, § 282, n'admettent pas cette manière de voir.

muniquer avec leur gouvernement, dont l'agent, en pays ennemi, est après tout l'intermédiaire normal et naturel entre lui et l'État belligérant intéressé. Quelle a été l'application de ces principes pendant la campagne Sud-Africaine?

Le 9 janvier 1900, on lisait dans le *Tageblatt*, que les autorités britanniques interceptaient, à Capetown, la correspondance officielle, destinée au consul allemand de Johannesburg et de Prétoria. On aurait encore, paraît-il, dépouillé, au Cap et à Lourenço-Marquez, les dépêches que le gouvernement du Transvaal envoyait au docteur Leyds, son représentant en Europe. Mais ces faits n'ayant pas été prouvés, nous ne nous y arrêterons pas. Par contre, il semble avéré, par des déclarations officielles, que la correspondance du consul des États-Unis à Prétoria avec son gouvernement a été violée à Capetown et à Durban (1). Par de tels procédés, l'Angleterre enfreignait non seulement les règles adoptées par l'Institut de droit international, mais elle violait ouvertement ses propres principes qui limitent aux seules autorités officielles ennemies l'interdiction de communiquer.

(1) *Journal des Débats*, du 30 Mars 1900.

Section II

Communications télégraphiques. Câbles sous-marins.

La question de la destruction des câbles, nous y avons fait allusion au début de ce chapitre, ne se posera point ici, puisque le Transvaal et l'Orange n'étant point pays maritimes, ne pouvaient, par conséquent, servir de points d'atterrissage à des lignes sous-marines. Les difficultés qui se sont présentées à ce sujet étaient uniquement relatives à l'usage des câbles par les puissances neutres.

La presse allemande a protesté contre la censure anglaise qui entravait, non seulement les nouvelles de la guerre, mais les communications entre les colonies d'Allemagne et ses colonies d'Afrique. Le même fait se serait produit pour la correspondance de quelques particuliers français.

Entre temps le Cabinet de Londres annonçait (le 19 novembre 1899), par l'intermédiaire du bureau international des administrations télégraphiques à Berne « qu'il supprimait à Aden, comme au Cap, les télégrammes en mots de code ou en chiffres, soit des particuliers, soit des gouvernements étrangers, à destination ou en provenance de Zanzibar, îles Seychelles, île Maurice, Madagascar, Est de l'Afrique anglaise, Est de l'Afrique allemande, Mozambique, Delagoa-Bay,

Rhodesia, Afrique australe anglaise, Orange, Transvaal, Cap et Natal. Les télégrammes en langue ordinaire seront soumis à la censure et envoyés au risque de l'expéditeur ». Il est vrai que l'Angleterre tempérait un peu la rigueur de cette attitude le 21 mars 1900, comme en témoigne d'ailleurs la communication suivante faite à l'agence Havas : « Le gouvernement britannique qui, par application de l'art. 8 de la convention télégraphique de Saint-Pétersbourg, avait suspendu à Aden, aussi bien qu'au Cap de Bonne-Espérance, la transmission de tous les télégrammes en langage convenu à destination ou en provenance de l'Afrique australe, vient, sous certaines réserves, de revenir sur sa décision. Le langage convenu sera de nouveau admis dans les correspondances télégraphiques échangées avec l'Afrique du Sud, à la condition que les télégrammes originaires des divers pays soient rédigés d'après les indications de l'un des deux codes que chacun des Etats de l'Union télégraphique est autorisé à faire remettre au résident anglais à Aden. L'administration des postes et des télégraphes, après avoir pris des renseignements sur les codes dont l'usage est le plus répandu en France, vient d'envoyer à Aden le code A. B. C. (4e édition), rédigé en anglais, et le code A. Y., rédigé en français. Dès que ces documents seront parvenus au résident anglais à Aden, le public, qui sera avisé de cette remise par la voie de la presse, sera autorisé à expédier des télégrammes en langage convenu à destination de l'Afrique australe. Mais il est à remarquer que la censure n'en continuera pas moins à s'exercer à Aden, et que, seuls, les télégrammes traitant d'affaires commerciales ou privées, seront assurés d'être dirigés sur leur lieu de destination. Ces mesures ne sont, pour le moment, applicables qu'à la voie d'Aden ».

Quelle est donc la valeur juridique des mesures sévères que l'Angleterre crut à propos d'adopter, en la circonstance? Aucun doute, à notre avis, ne saurait exister à ce sujet. La réponse est contenue dans l'absence de tout texte international relatif aux communications sous-marines en temps de guerre, et dans ce fait que l'Angleterre est en possession de la presque totalité des câbles et qu'elle a augmenté la valeur de ce monopole en imposant aux compagnies, concessionnaires des lignes sous-marines, des obligations telles qu'on pourrait croire les câbles partie du domaine public anglais. L'Angleterre, dans le cahier des charges, a stipulé pour son gouvernement la priorité des communications officielles en temps de paix; elle a exigé que le personnel attaché au service des câbles fût exclusivement anglais, et l'interdiction de passage des fils dans les bureaux étrangers (1). Le Gouvernement britannique se réserve en outre, en cas de guerre, le droit d'occuper et d'accaparer les communications dans toutes les stations qui

(1) Art. 3 et 7 du cahier des charges.

sont en territoire anglais ou soumises au protectorat de la Grande-Bretagne.

On a essayé, malgré tout, de combattre juridiquement les prétentions de l'Angleterre en arguant, par analogie, de la Convention de Paris 14 mars 1884, mais, en oubliant toutefois, il est juste de le dire, que cette Convention ne pouvait concerner l'usage pacifique des câbles, et qu'elle n'avait trait qu'à leur dégradation ou rupture pendant la guerre. Au surplus, les neutres sont mal venus à se plaindre d'un état de choses qu'ils ont, par leur propre inertie, contribué à créer, et dont l'Angleterre (pourquoi le lui reprocher ?), a entendu tirer patriotiquement le plus grand parti possible. Pour échapper à cette servitude humiliante et aux dangers qu'elle peut faire courir au monde et en particulier à la France dont, pour le moment, les destinées seules nous intéressent, il faut vivement se débarrasser de ces chaînes et dire avec M. J.-H. Franklin : « La défense de nos colonies, la prospérité de notre commerce extérieur sont intimement liées à cette question des câbles. Tant que nous serons tributaires des grandes colonies anglaises, il ne pourra y avoir pour nous aucune sécurité et notre avenir colonial restera toujours compromis. Notre grand concurrent, notre adversaire maritime permanent est l'Angleterre. Partout, sur tous les points du globe où porte notre extension coloniale, nos intérêts se heurtent aux intérêts opposés des Anglais et alors que nous avons besoin, pour cette lutte de tous les instants, de toutes nos forces, de toute notre énergie, nous nous trouvons, sans cesse enchaînés, asservis par notre sujétion télégraphique (1) ».

---

(1) *Questions diplomatiques et coloniales*, n° 70, 15 janvier 1900, p. 70. — Voir pour la question des câbles : *Même revue*, n° 67. — *Revue de Paris*, 15 mars 1900, p. 231. — *Revue des Deux Mondes*, 1er janvier 1900, p. 181. — *Nouvelle Revue*, 15 février 1900, p. 510.

QUATRIÈME PARTIE

CONCLUSION DE LA PAIX

Cette lutte de près de trois ans commençait, on le conçoit, à énerver les belligérants. Des efforts avaient été faits de part et d'autre, en 1901, pour y mettre fin, mais vainement. Les Boërs n'entendaient traiter que sur la base de leur indépendance et les Anglais, de leur côté, ne pouvaient se résoudre à conclure la paix à ce prix. Cependant la lassitude qui s'emparait de tous les esprits devait triompher, au printemps de 1902, des résistances réciproques et terminer une guerre au cours de laquelle les deux adversaires avaient fait preuve de tant de brillantes qualités. Si le courage et la bravoure furent indiscutables dans les deux camps, on ne sait, par contre, ce qu'il faut le plus admirer de l'audace héroïque des républicains ou de la froide ténacité de l'armée britannique.

En Angleterre, ce désir d'en finir, coûte que coûte, était général.

Nous en trouvons la preuve dans les déclarations conciliantes des hommes d'État anglais, qui contrastaient si singulièrement avec celles des années précédentes. C'est ainsi que lord Salisbury, qui, au banquet du Lord Maire, en novembre 1900, affirmait que les Boërs n'auraient pas une parcelle d'indépendance, déclarait un an plus tard, à la même cérémonie, qu'on pouvait attribuer aux Républiques du Sud une autonomie équivalente à celle des colonies britanniques. M. Richtie, ministre du commerce, parlait à Croydon à la même époque, et dans le même sens. En décembre 1901, lord Rosebery, dans un discours à Chesterfield, se disait partisan d'une large autonomie que demandait également, dans une assemblée publique en Ecosse, le 10 décembre de la même année, le leader de l'opposition, sir H. Campbell Bannerman. Cette manifestation pacifique tenait non seulement à l'énervement que ces longues hostilités avaient créé mais aux embarras d'ordre politique et économique existant en Angleterre du fait de la guerre.

Peut-on dire, en effet, que l'expédition internationale en Chine a donné au Cabinet de Londres les mêmes résultats que si la guerre en Afrique n'avait pas éclaté ? La concurrence des entreprises américaines sur le marché du monde, n'a-t-elle point trouvé une occasion superbe et unique dans le conflit anglo-boër de porter des coups terribles au commerce et à l'industrie britanniques ? Et la répercussion de cette malheureuse campagne allait se faire bien autrement sentir au cœur même de la patrie anglaise ! Pays de l'individualisme à outrance, combien l'Angleterre ne devait-elle pas déplorer la perte de ses milliers d'enfants sur la terre africaine. C'était pour elle la disparition des pionniers remarquables dont les entreprises hardies et intelligentes s'exerçaient, en d'autres temps, au profit des destinées pacifiques de l'Angleterre. Sans compter, que plus encore que l'argent, les hommes allaient manquer pour la relève des troupes engagées au Transvaal (1). Les taxes de guerre, d'autre part, commençaient à porter leurs fruits. Si les taxes de blé et de charbon faisaient l'affaire de ceux qui travaillent pour le *fair-trade*, elles indisposaient, par contre, la majorité de la nation aux yeux de laquelle cette mesure fiscale compromettait sa clientèle étrangère et sa main-d'œuvre à bon marché. A ces raisons, nées de besoins politiques et économiques, s'ajoutait le désir non négligeable d'Edouard VII d'inaugurer son règne par la fin d'une guerre dont la pensée, disait-on,

(1) Lire à ce sujet : « l'Angleterre et la paix », de Victor Bérard, *Revue de Paris*, juillet-août 1902.

avait attristé les derniers jours de la reine Victoria, sa mère.

Quant aux Boërs, ils paraissaient avoir épuisé leurs dernières ressources si l'on s'en tient aux révélations faites par le général de Wet (1).

Nous avons dit que des tentatives infructueuses avaient eu lieu en 1901 pour clore les hostilités. Nous ne discuterons pas la valeur des propositions faites à cette époque, mais nous retiendrons simplement ce fait que M. Chamberlain a rejeté sur Louis Botha l'échec qui suivit ces premières propositions. Or, il semble résulter d'une dépêche de lord Milner, en date du 9 mars 1901, que l'entente dépendait de M. Chamberlain et qu'en Afrique tout le monde escomptait la paix sur les bases acceptées par les généraux Kitchener et Botha. Mais le Ministre des Colonies, que ses fonctions appelaient à sanctionner les dispositions arrêtées en Afrique, n'intervint que pour faire tout avorter et pourquoi ? Il avait été convenu entre les grands chefs Kitchener et Botha qu'assistance serait *donnée* aux fermiers pour garantir les dettes que les combattants auraient contractées envers eux. M. Chamberlain transforma le don en prêt et c'est à cette transformation qu'est due la rupture des premières négociations. Il faut reconnaître que lord Milner, dans cette circonstance, a essayé d'amener à de plus sages idées le Ministre des Colonies, dans sa dépêche du 6

---

(1) Voir de Wet, *op. cit. P.*, p. 407 et s.

mars 1901, à laquelle nous avons fait allusion. « Le mot « *prêt* », écrivait lord Milner à son supérieur, affaiblira tout l'effet des autres mesures libérales. Kitchener est encore plus que moi opposé à cette introduction du mot « prêt » : Connaissant la défiance des Boërs, il pense que ce mot va leur sembler un piège pour mettre la main sur le fermier ». Quoiqu'il en fût, la paix fut retardée d'un an, mais à l'avantage des Boërs, d'ailleurs, car ces derniers triomphèrent dans leurs revendications en obtenant, tout à la fois, l'assistance donnée et l'assistance prêtée. Or, ce point était la pierre angulaire même de la paix, l'accord paraissant exister déjà dès 1901 sur la situation politique des États et la situation juridique des particuliers. « J'ai prévenu expressément Louis Botha, écrit lord Kitchener le 22 février 1901, qu'il était inutile de nous rencontrer si la question de l'indépendance était remise à discussion. » Or, Botha, se rencontrant avec Kitchener, acceptait ou tout au moins ne refusait pas la situation politique des colonies, que l'Angleterre entendait imposer aux anciennes républiques.

De tout ce qui précède, il semble donc ressortir que le reproche adressé par M. Chamberlain à Botha n'était pas fondé et que, bien plus, il pouvait se retourner contre le ministre des colonies lui-même. Il y a lieu de faire remarquer, d'autre part, que le traité de 1902, auquel nous arrivons, ne fit que reproduire, presque textuellement, les propositions de l'année précédente.

Vers la fin de janvier 1902, M. Kuyper, chef du Cabinet hollandais, s'était rendu à Londres, dit-on, pour s'entremettre, en vue de la conclusion de la paix. Cette démarche ne fut pas, en apparence, couronnée de succès et lord Salisbury se plût même, dans un banquet (1) à Londres, le 5 février, à passer au fil d'une ironie déplacée les efforts généreux de l'homme d'Etat hollandais. Et cependant, les efforts du Président Kuyper allaient être le point de départ des nouvelles propositions de paix. En effet, la correspondance entre les Cabinets de Londres et de La Haye avait été communiquée à M. Schalk-Burger (2) par lord Kitchener. C'est à la suite de cette communication que M. Schalk-Burger aurait demandé, au mois de mars 1902, un sauf-conduit pour s'entendre avec M. Steijn, son collègue de l'Orange. De cette entente sortirent, le 12 avril, les premières propositions des Boërs, mais que les Anglais rejetèrent comme reposant encore sur le maintien d'indépendance. Le 20 mai, nouvelle proposition, que l'Angleterre estime de nouveau insuffisante et qu'elle remplace par ses propres conditions, qui constituent l'acte consacrant la soumission des Boërs. Cet acte de capitulation,

---

(1) Banquet offert à lord Salisbury *par le Junior Constitutionnal Club* de Londres.

(2) Vice-Président du Transvaal, le remplaçant de M. Krüger en Afrique.

dont la signature eut lieu à Prétoria le 31 mai 1902, était ainsi rédigé : « Son Excellence le général lord Milner, agissant au nom du Gouvernement britannique, d'une part ; et MM. Steijn et Brebner, le général Christian de Wet et le général Georges Olivier et le juge Hertzog, agissant pour le Gouvernement de l'Etat libre d'Orange, et MM. Schalk-Burger, Reitz, les généraux Louis Botha, Delarey, Lucas Meyer et Krogh, agissant pour le Gouvernement de la République Sud-Africaine et au nom de leurs Burghers respectifs désireux de terminer les hostilités actuelles, d'autre part ; sont d'accord sur les articles suivants :

Article Ier. — Les troupes burghers en campagne déposeront immédiatement leurs armes, remettront tous les canons, tous les fusils et toutes les munitions de guerre qu'elles possèdent ou sur lesquels elles ont autorité et cesseront d'opposer plus longtemps résistance à l'autorité de Sa Majesté le Roi Edouard VII qu'elles reconnaissent comme leur Souverain de droit. — La forme et les détails de cette reddition seront définis par un arrangement entre lord Kitchener et le commandant général Botha, le commandant général en second Delarey et le commandant en chef de Wet.

Art. II. — Tous les Burghers combattants qui se trouvent en dehors des frontières du Transvaal et de la colonie du fleuve Orange et tous les prisonniers de guerre qui se trouvent à présent hors du Sud de l'Afrique et qui sont des Burghers, seront, après avoir dûment déclaré qu'ils acceptent la qualité de sujets de Sa Majesté Edouard VII, ramenés progressivement dans leurs foyers aussitôt qu'on pourra leur fournir des transports, et leur assurer des moyens de subsistance.

Art. III. — Les Burghers qui se seront ainsi rendus et qui seront ainsi revenus, ne seront privés ni de leur liberté personnelle ni de leurs biens.

Art. IV. — Aucun procès, soit civil, soit criminel, ne sera intenté contre qui que ce soit des Burghers qui se seront rendus et qui seront revenus, à l'occasion de quelque acte que ce soit résultant de la poursuite de la guerre. Le bénéfice du présent article ne s'étendra pas à certains actes qui ont été notifiés aux généraux boërs par le commandant en chef et qui seront jugés par Conseil de guerre, immédiatement après la clôture des hostilités.

Art. V. — La langue hollandaise sera enseignée dans les écoles publiques du Transvaal et de la colonie du fleuve d'Orange, là où les parents des enfants le désireront. Son emploi sera permis dans les tribunaux, lorsque cela sera nécessaire, pour que l'administration de la justice soit meilleure et plus efficace.

Art. VI. — La possession de fusils sera autorisée dans le Transvaal et dans la colonie du fleuve Orange, pour les personnes qui en ont besoin pour leur protection; mais elles devront se munir d'une licence conformément à la loi.

Art. VII. — L'administration militaire du Transvaal et de la colonie du fleuve Orange sera, à la date la plus prochaine possible, remplacée par un gouvernement civil, et aussitôt que les circonstances le permettront, on introduira des institutions représentatives, préparant l'autonomie.

Art. VIII. — La question de donner des droits électoraux aux indigènes, ne sera tranchée qu'après l'introduction de l'autonomie.

Art. IX. — Aucun impôt spécial ne frappera la propriété foncière au Transvaal et dans la colonie du fleuve Orange, pour couvrir les frais de guerre.

Art. X. — Aussitôt que la situation le permettra, une commission, dans laquelle les habitants du lieu seront représentés, sera nommée dans chaque district du Transvaal et de la colonie du fleuve Orange, sous la présidence d'un magistrat ou d'un autre fonctionnaire, dans le but d'aider à rétablir la population dans ses foyers et de fournir à ceux qui, par suite des pertes causées par la guerre, seront dans l'impossibilité de s'en procurer, les aliments, l'abri et les quantités nécessaires de semences, de cheptels et d'instruments, etc..., indispensables pour la reprise de leurs occupations normales. Le gouvernement de Sa Majesté mettra à la disposition de ces commissions une somme de trois millions de livres sterling, dans le but ci-dessus mentionné, et il permettra que tous les billets émis conformément à la loi, N° 1 de 1900, de la République Sud-Africaine, et tous les reçus donnés par les officiers combattants des ex-Républiques ou sous leurs ordres, soient présentés à une commission judiciaire que nommera le gouvernement. Si cette commission judiciaire trouve que ces billets et ces reçus ont été dûment délivrés en échange de contre-parties sérieuses, ils seront admis par les Commissions désignées précédemment, comme titres établissant les pertes de guerre subies par les personnes auxquelles ils ont été primitivement délivrés. Outre la subvention gratuite de trois millions de livres sterling ci-dessus mentionnée, le gouvernement de Sa Majesté sera disposé à faire dans le même but, à titre de prêt, des avances qui ne seront pas frappées d'intérêt pendant deux ans, et qui ensuite seront remboursables après une certaine période d'années avec 3 % d'intérêt. Aucun étranger, aucun rebelle, n'aura droit au bénéfice de cet article » (1). Tel était donc le traité de paix, mode normal de la fin de toute guerre, et dont les clauses que nous venons d'exposer figurent, d'habitude, dans tous les traités de ce genre.

Ainsi, l'article I contient la renonciation générale par les Boërs aux prétentions qui avaient servi de prétexte à la guerre, c'est-à-dire à la qualité de sujets libres ; l'article II règle le rapa-

(1) *Livre Bleu*, du 2 Juin 1902, p. 10.

triement et le sort des prisonniers de guerre ; les articles III et IV se réfèrent à l'amnistie. Voilà ce que l'on peut appeler les clauses générales du traité et à propos desquelles il y a lieu de remarquer la dérogation, par l'alinéa II de l'article IV, à la clause ordinaire concernant l'amnistie, puisque, en l'espèce, cette dernière n'est pas complète. Les clauses spéciales du traité sont indiquées par le reste des articles de l'acte de capitulation.

De tout ce qui vient d'être exposé, trois faits principaux sont à retenir : *L'intransigeance* anglaise du début remplacée par une tolérance relativement large ; *l'annulation* par l'Angleterre signant le traité, des annexions prononcées en 1900 ; enfin, la situation particulière que l'acte de paix fait aux anciennes Républiques. D'après le traité, le Transvaal et l'Orange auront, dès que les circonstances le permettront, des institutions représentatives, préparant l'autonomie. Or, l'octroi de cette autonomie future repose, non sur une concession unilatérale, comme pour les autres colonies anglaises, mais sur certaines conditions réglées d'accord entre les anciennes Républiques et l'Angleterre. Il est vrai d'ajouter que l'article VII ne contient, en somme, qu'une promesse dont la réalisation dépend de l'une des parties, et qu'alors il est sage et prudent de faire toute réserve à ce sujet.

Ainsi finit la guerre Sud-Africaine, et avec elle l'histoire de deux vaillants peuples, qui, encore inconnus hier, ont cependant laissé au monde un exemple éclatant de ce que peut engendrer l'amour de la liberté, quand il est secondé par ces auxiliaires merveilleux, qu'on nomme le patriotisme et la foi.

Il est une question se rapportant aux conséquences immédiates de la conclusion de la paix, dont l'importance ne saurait échapper à personne et qu'on ne peut, conséquemment, passer sous silence dans un travail comme le nôtre. Nous voulons parler des conditions faites aux actionnaires des chemins de fer néerlandais, par le gouvernement britannique, après l'annexion du Transvaal.

Nous ouvrirons donc un chapitre spécial à ce sujet.

CHAPITRE PREMIER

Condition juridique des chemins de fer privés sud-africains depuis l'annexion du Transvaal

---

Par son objet, cette question revêt d'abord un caractère international, puisque les intéressés appartiennent à des nationalités différentes, et ensuite elle se rattache au sort que la conquête pourrait faire subir à la propriété privée, deux raisons suffisantes pour que l'étude en soit abordée avec intérêt. Il s'agit, en effet, en l'espèce, d'intérêts tout particuliers dont la situation a besoin d'être juridiquement précisée, si l'on veut éviter, dans l'avenir, les contestations du genre de celles qu'a fait surgir la propriété des chemins de fer du Sud de l'Afrique. Le droit est fait en grande partie d'expérience, et la guerre de l'Afrique australe est venue, elle aussi, apporter sa contribution au progrès des principes, dont l'application est la seule raison d'être de la civilisation.

Afin de donner à cette étude le développement que son sujet comporte, nous l'avons divisée en trois sections dont la 1re comprendra un court historique des chemins de fer néerlandais, la 2e traitera de la nature particulière de leur propriété et la 3e sera consacrée à la discussion juridique de la question qui divise actuellement le gouvernement anglais et les propriétaires des chemins de fer Sud-Africains.

Section I

Historique

La situation géographique du Transvaal, jointe au développement économique de son territoire, devait amener nécessairement, un jour, la République Sud-Africaine à étudier la possibilité d'accroître sa prospérité matérielle, par l'accès à la mer. Si l'on remarque, d'autre part, que le Portugal, dans la Mozambique, ne pouvait avoir que des avantages à pousser le Transvaal dans cette voie, on ne sera pas étonné de la rapidité avec laquelle l'entente se fit entre les deux pays. En 1875, en effet, un protocole (1) fut signé où il était déclaré que les deux Etats intéressés favoriseraient le plus possible la construction d'une voie ferrée et qu'ils prendraient à leur charge certains travaux. Mais l'Angleterre souleva des difficultés d'ordre politique qui empêchèrent la réalisation immédiate du projet Portugo-Transvaalien. Ce ne fut qu'en 1885 que le Transvaal, pour son compte, fut autorisé par le Volksraad à accorder une concession pour la construction d'un chemin de fer de la frontière portugaise à Prétoria. En juin 1890, le Volksraad ratifia une concession définitive, qui avait été accordée à une Société hollandaise (Nederlandsche Zuid-Afrikaans Spoorweg-Maatschappij) (2), en abréviation Z. A. S. M. Cette société avait son siège à Amsterdam et les statuts en furent approuvés par le gouvernement néerlandais. Des actions furent émises jusqu'à concurrence de 14.000.000 de florins et des obligations pour 86.510.000 de florins, qu'indépendamment de la Hollande d'autres pays (3) se partagèrent, au prorata de la confiance que la Société naissante leur inspirait.

(1) Protocole annexé au traité de Commerce du 11 décembre 1875.

(2) Société néerlandaise de chemins de fer Sud-Africain.

(3) Allemagne, Autriche, France.

Dans quelles conditions l'Etat Transvaalien accorda-t-il la concession? C'est ce qui va faire l'objet de la section suivante.

Section II

Situation juridique des chemins de fer Sud-Africains

Les conditions matérielles, indispensables à la création des voies ferrées, l'importance et la nature spéciale de leur exploitation, ont pu engendrer une conception particulière de leur propriété, qui, à première vue, paraît être d'une exactitude indiscutable.

Les chemins de fer, en effet, pour pouvoir être établis, ont besoin de disposer d'espaces immenses, de faire sacrifier souvent la propriété particulière à la nécessité de leur existence, toutes conditions dont l'Etat seul peut assurer la réalisation, soit à son profit, soit à celui des concessionnaires. En outre, les chemins de fer étant, en général, la pierre de touche de la prospérité d'un peuple, on conçoit aisément que, même dans le cas de concession, l'Etat fasse intervenir son autorité pour exercer sur l'exploitation un contrôle toujours nécessaire. C'est sous cette forme, qu'apparaissent les droits de l'Etat, en ce qui concerne, par exemple, l'homologation des tarifs, la main mise sur les chemins de fer par les pouvoirs publics en temps de guerre, et dans tous les autres cas où la sécurité et l'ordre public seraient en jeu.

Tels sont les grands principes de droit public dont s'inspirent les Etats (1), quand il s'agit d'accorder à des particuliers des concessions de cette nature. La vie nationale est trop intimement attachée au bon fonctionnement des chemins de fer, pour que l'Etat, par certaines réserves, ne leur donne pas une empreinte qui les fait confondre, parfois, avec les établissements du domaine public. Cette situation spéciale, créée aux chemins de fer par les nécessités que nous connaissons maintenant, a amené une confusion dans certains esprits, décidés à ne toujours voir dans ces entreprises colossales qu'une exploitation du domaine national, insuscéptible de propriété privée. Or, rien n'est moins exact, et c'est ce que nous démontrera l'analyse de l'acte de concession à la Société néerlandaise.

---

(1) Ces droits de l'Etat résultent : *en France*, de la loi sur l'organisation générale de l'armée, du 24 juillet 1873, art. 26 ; *en Italie*, de l'article 280 de la loi sur les travaux publics, du 20 mars 1865 ; *en Allemagne*, de l'article 28 de la loi sur les services de guerre, du 13 juin 1873 ; *en Suisse*, de l'article 24 de la loi fédérale de 1872, concernant la construction et l'exploitation des chemins de fer.

Cet acte de concession (1) renfermait, entr'autres stipulations, les trois articles suivants qui, pour les besoins de notre démonstration, offrent seuls un réel intérêt :

« Si la guerre menace d'éclater et en temps de guerre ou de troubles civils, le gouvernement a le droit d'utiliser pleinement et sans restriction le chemin de fer et tout ce qui est nécessaire pour l'utiliser, dans l'intérêt de la défense du pays ou de l'ordre public et de suspendre soit en entier, soit en partie, le trafic ordinaire sur le chemin de fer, et de prescrire et de prendre toutes les mesures jugées nécessaires à cet effet, *à condition toujours que, dans ces cas, le concessionnaire soit pleinement indemnisé.* » (Art. XXII.)

« Le gouvernement aura, en tout temps, le droit d'acheter le chemin de fer et toutes autres *propriétés* dont le concessionnaire se trouve investi. Mais cette faculté ne sera pas exercée, à moins que la Compagnie, dans les Pays-Bas, n'ait reçu avis de cette intention d'achat, au moins un an à l'avance.

« Si l'achat a lieu le 1er janvier 1915 ou à l'expiration d'une période subséquente de dix années, le gouvernement payera toutes les dépenses qu'entraînera la liquidation de la Compagnie et payera aussi une somme égale à vingt fois le dividende déclaré aux actionnaires durant les trois précé-

(1) Voir le *Report of the concessions*, d'avril 1901. (*Livre Bleu*, Part. III, *Appendix of documents*, p. 13. 14).

dentes années d'exercice, avec un minimum de vingt fois l'intérêt annuel garanti à ceux qui détenaient des actions, auxquelles un intérêt de 5 % en plus a été garanti (1), et la valeur nominale pleine de toutes les actions auxquelles un intérêt annuel inférieur a été garanti. Ladite somme peut se trouver réduite du montant de telle amende, que la Compagnie peut avoir à payer en vertu de la section X.

« Si l'achat a lieu avant le 1er janvier 1915 ou avant l'expiration d'une période subséquente de dix ans quelconque, l'achat s'opérera sur la même base comme expliqué à la même clause de cette section, mais le prix d'achat sera augmenté de 1 0/0 du capital-action nominal pour toute année calculée depuis la date de l'achat jusqu'au 1er janvier 1915, ou si l'achat a lieu après le 1er janvier 1915, jusqu'à l'expiration de cette période subséquente. » (Art. XXVII.)

« La République Sud-Africaine garantit directement aux porteurs de toutes les actions contresignées par la Commission du Gouvernement dans les Pays-Bas, la rente indiquée sur ces titres, calculée sur le montant nominal du capital social versé par eux, et aux porteurs de toutes les obligations contresignées par le commissaire du gouvernement dans les Pays-Bas, l'amortissement et la rente conformément aux conditions de l'émission. » (Art. XXXII.)

---

(1) Le chemin de fer payait des dividendes qui dépassaient 10 0/0.

Il y a dans ces articles comme une sorte de synthèse des droits et des obligations, que l'acte de concession établissait de part et d'autre, et dont le caractère découle des termes mêmes et de l'esprit dans lesquels ces articles ont été conçus.

L'article XXII, qui se réfère à l'utilisation des chemins de fer par l'État en cas de guerre et de troubles, se préoccupe de l'indemnité éventuelle à donner aux concessionnaires. Or, qui dit indemnité, dit dédommagement d'un préjudice causé à la personne ou au bien, c'est-à-dire à la propriété d'autrui, et autrui, dans le cas particulier, était le concessionnaire des chemins de fer Sud-Africains.

L'article XXVII, lui, est plus précis encore, puisqu'on y rencontre le mot « *propriétés* » pour désigner la voie ferrée et ses dépendances. Qui donc, mieux que le Gouvernement du Transvaal, partie contractante, pouvait connaître la nature de cette concession ?

Et enfin, toutes les stipulations contenues dans les articles cités, ne sont-elles pas de celles qu'on peut appeler classiques et qui figurent dans les contrats où il s'agit du transfert d'une propriété ?

Il ne saurait donc exister aucun doute à ce sujet, et l'acte de concession était bien la reconnaissance officielle de la propriété de la société néerlandaise. On voit tout l'intérêt qu'il y avait à rechercher la nature de cette propriété qui, si elle avait été nationale, du domaine public ou privé, aurait dû, juridiquement, passer à l'État annexant, tandis que privée, la propriété des chemins de fer échappait aux conséquences juridiques de la conquête et restait sous la sauvegarde des principes d'ordre international qui régissent la matière. Quels sont ces principes et quelle application ont-ils trouvée en Afrique, au cours de la guerre et après le traité de paix, c'est ce que nous examinerons dans une troisième et dernière section.

Section III

Discussion juridique de la question

Tous les spécialistes du Droit des Gens ont proclamé l'inviolabilité de la propriété privée. La doctrine et la pratique internationale sont d'accord sur ce point.

« Le droit de la guerre, dit Ullmann (1), est aujourd'hui régi par le principe décisif que la propriété privée ne peut, en aucune façon, être l'objet d'une oppropriation militaire. » « La coutume moderne des nations, cette grande et impor-

---

(1) *Droit des Gens*, 2e édition 1888, p. 334.

tante partie de la loi internationale, écrit Phillimore, serait violée, le sentiment de justice et du droit qui anime le monde civilisé, serait outragé, si la propriété privée était généralement confisquée et les droits privés annulés (1). » « L'Etat victorieux, d'après Guelle, ne peut devenir propriétaire ni de la voie ferrée ni du matériel. La conquête, en effet, ne lui transfère pas la propriété des biens appartenant aux particuliers (2). » Et enfin, comme consécration solennelle de l'autorité de ces principes, que tant d'autres juristes éminents (3) ont proclamée, apparaît le *Règlement de La Haye*. L'article 46 de ce document est des plus catégoriques : « L'homme et les droits de la famille, la vie des individus et la propriété privée, ainsi que les convictions religieuses et l'exercice des cultes doivent être respectés.

---

(1) *Commentaires sur la loi internationale*. 3e édition, § 583, p. 863.

(2) *Op. cit.*, II., p. 95.

(3) Voir à ce sujet : *Annuaire de l'Institut du droit international*, t. VIII, p. 216 et t. IX, p. 251 ; *Revue de droit international et de législation comparée*, t. XVII (1885), p. 336 et suiv. ; Buzzati : *Les chemins de fer en temps de guerre*, dans la *Revue de droit international et de législation comparée*, t. XX, p. 399 et suiv. ; Pillet : *Les lois actuelles de la guerre*, 1901, p. 265 ; Poinsard : *Etude de droit international conventionnel*, 1894, p. 195 ; *Manuel des lois de la guerre*, publié par l'Institut de droit international en 1880, art. 55 ; Bluntschli : *Le droit international codifié*, 1886, règle 61 bis, note 1 ; Morin : *Les lois relatives à la guerre*, 1872, t. I, p. 442 ; Calvo : *Le droit international théorique et pratique*, 1888, t. IV, § 2213 ; Fiore : *Trattato di diritto internazionale publico*, 1884, t. III, § 1658 et suiv. ; Rivier : *op. cit.*, t. II, p. 322 ; Bonfils-Fauchille : *Manuel de droit international public*, 3e éd., 1901, § 1186.

La propriété privée ne peut pas être confisquée ».

Et l'article 3, § 2, s'exprime ainsi : « Le matériel des chemins de fer, les télégraphes de terre, les téléphones, les bateaux à vapeur et autres navires, en dehors des cas régis par la loi maritime, de même que les dépôts d'armes et en général toute espèce de munitions de guerre, même appartenant à des Sociétés ou à des personnes privées, sont également des moyens de nature à servir aux opérations de la guerre, mais devront être restitués et les indemnités seront réglées à la paix ».

Telle est donc la doctrine.

Mais le fait qu'un Etat se substitue à un autre et, particulièrement, par la conquête, est-il de nature à modifier ces principes et partant les rapports contractuels qui existaient, avant la conquête, entre les propriétaires d'une part et l'Etat annexé d'autre part ? Autrement dit, l'Etat annexant peut-il jouir des droits de l'Etat auquel il se substitue, et est-il tenu de remplir les obligations corrélatives ? Ici, comme ailleurs, la doctrine se prononce sans hésitation dans le sens de l'affirmative. Il fallait qu'il en fut ainsi, du reste, si l'on tenait à éviter une contradiction entre les principes généraux posés et leurs conséquences juridiques naturelles.

« Heredis personam, dit Grotius, quoad dominii tam publici quam privati continuationem, pro iisdem censeri cum défuncti persona, certi est juris (1). C'est-à-dire : Dans l'ordre des choses publiques, comme dans celui des choses privées, un héritier continue la situation légale du *de cujus*. Le *de cujus*, en l'espèce, est l'Etat annexé dont les droits et obligations passent à son héritier qui est l'Etat annexant. « Refuser de payer les dettes d'un pays que l'on subjugue, écrivait Vattel, ce serait dépouiller les créanciers avec lesquels on n'est point en guerre (2). » D'après Bluntschli : « Le patrimoine public des Etats qui périssent passe en actif et en passif à l'Etat ou aux Etats qui succèdent (3) ». Suivant Haber « le cessionnaire d'un territoire est substitué dans tous les droits et obligations que son prédécesseur a eus en qualité d'Etat dans ce territoire, aussi bien vis-à-vis des personnes publiques que des personnes privées (4) ». Hall estime que « lorsqu'un Etat cesse d'exister à la suite d'absorption par un autre Etat, ce dernier devient par cela même l'héritier de tous les droits, obligations et propriétés locaux (5) ». Et, enfin, Bonfils-Fauchille (6) paraît résumer toute la doctrine en la matière, quand il dit :

---

(1) *De jure belli ac pacis*, livre II, chap. IX, § 12.
(2) *Le Droit des Gens*, livre II, § 203.
(3) *Le droit international codifié*, 3ᵉ éd., 1878, règle 54, p. 84.
(4) *Die Staatensuccession*, 1898, § 90, p. 58.
(5) *A treatise on international law*, 4ᵉ éd., 1895.
(6) *Manuel de droit international public*, 3ᵉ éd., 1904, § 222, p. 119. Voir encore sur ce sujet : Appleton : *Des effets des annexions de territoires sur les dettes de l'Etat démembré ou annexé*, 1894 p. 26 et suiv.; René Selosse : *Traité de l'annexion au territoire français et de son démembrement*, 1880, p. 169 ; Cabouat : *Des annexions de territoires et de leurs principales conséquences*, 1881, p. 171 et suiv.

« L'Etat qui profite de l'incorporation, est semblable à un héritier. Le payement des dettes de l'incorporé lui incombe absolument. L'équité, le sens commun, le veulent ainsi. Cela est vrai, non seulement des dettes publiques proprement dites, comme celles résultant d'emprunts, mais aussi des dettes contractées envers des particuliers par des contrats conclus avant l'incorporation.. ».

Dès le moyen âge, la pratique internationale a consacré l'autorité de ces principes (1). C'est ainsi qu'en 1343, lors de l'annexion du Dauphiné à la Couronne de France, il fut stipulé, dans le traité, que la Couronne payerait toutes les dettes du Dauphin « ainsi que le père est tenu par le fils ». Dans des temps plus rapprochés, les mêmes règles reçurent leur application dans les nombreux traités d'annexion qui terminèrent les guerres de l'Empire : Annexion des Etats de l'Église à la France (1809) ; du Hanovre à la Westphalie (1810) (2) ; des principautés de Hohenzollern. Plus près de nous encore, ces principes furent de nouveau proclamés avec éclat en 1864 par le traité conclu entre la France, l'Angleterre, la Russie et la Grèce, au sujet des îles Ioniennes, et, en 1878, par le traité de Berlin, qui met une partie de la dette publique ottomane à la charge de la Bulgarie, du Monténégro et de la Serbie.

---

(1) Cours de droit international public de M. le professeur Pillet, 1902-1903.

(2) Voir *Revue de droit intern. publ.*, mars, avril 1903.

Quelles raisons de droit pourra bien invoquer l'Angleterre pour justifier, dans la question des chemins de fer Sud-Africains, une attitude condamnée par la doctrine et la pratique internationale ? Faut-il ajouter que cette puissance s'est solennellement ralliée à la doctrine générale par sa signature apposée au bas des traités de 1864 et de 1878 et que, personnellement, elle a trouvé l'occasion de l'appliquer, à deux reprises différentes, en 1890 avec l'Allemagne (1) et en 1902, partiellement, dans l'article 10 du traité qui mettait fin à la campagne de l'Afrique Australe (2) ?

Quand, le 13 septembre 1900, le Gouvernement de S. M. Britannique eut notifié à la Société néerlandaise qu'il prenait possession des voies ferrées et de leurs accessoires, le directeur de ladite Société s'inclina devant un fait que l'acte de concession avait prévu, et se contenta de répondre qu'il « se dégageait de toute responsabilité en ce qui concernait la propriété de la Société ». L'Angleterre n'usait jusque-là que de son droit strict, et on pouvait supposer que, se substituant au Transvaal pour les droits à exercer sur les chemins de fer, elle remplirait les obligations que l'exercice de ces mêmes droits entraînait. Il n'en fut rien et

---

(1) Cession de l'île d'Héligoland.

(2) « Les porteurs des bons et reçus, délivrés par les officiers en campagne, seront admis à participer à la distribution de la somme de 3 millions de livres, mise à la disposition des Commissions distributrices par le gouvernement britannique. » (Article 10, *in fine.*)

un memorandum adressé à l'office colonial anglais, le 14 janvier 1901, et où la situation économique de la Société était exposée par la Direction, resta sans réponse. On attribua ce silence aux graves préoccupations du moment et on attendit la fin de la guerre pour mettre l'Angleterre en demeure (1), soit de laisser la Société continuer son exploitation, soit de racheter elle-même le chemin de fer, conformément à l'acte de concession. Le Gouvernement répondit à cette mise en demeure d'une façon évasive et se contenta de faire espérer une communication ultérieure. Cette communication fut faite le 10 janvier 1903 à un groupe d'actionnaires allemands, réunis en assemblée à Berlin et consistait à rembourser les actions et les obligations à certaines conditions (2).

---

(1) Cette lettre fut adressée d'Amsterdam par la direction de la Société, le 14 juin 1902 : « Nous référant, y disait-on, à la correspondance relative à la saisie de notre Compagnie dans l'Afrique du Sud, et considérant que l'état de guerre a pris fin et que le chemin de fer n'est plus désormais requis pour des buts militaires, nous prenons la liberté d'attirer votre attention sur la dernière partie de la communication que nous vous avons adressée le 14 janvier 1901, et par laquelle nous demandions instamment d'être renseignés sur le sort de notre chemin de fer. Depuis lors, nous n'avons reçu du Gouvernement de Sa Majesté aucune indication au sujet de la ligne de conduite qu'il se propose de suivre dans cette affaire, et nous considérerions comme une faveur que le Gouvernement de Sa Majesté nous fît prochainement savoir s'il est disposé à permettre à la Compagnie de reprendre l'exploitation de son entreprise, ou s'il préfère le rachat, conformément aux termes de la concession. Dans ce dernier cas, la Compagnie serait disposée à renoncer au bénéfice de la clause concernant l'avis préalable prévu à l'article 27 ».

(2) « Le Gouvernement de Sa Majesté, lisait-on dans cette communication, payera 135 livres pour toute action pour laquelle il est

Les actionnaires allemands ne prirent aucune décision à ce sujet et se bornèrent, pour le moment, à demander à l'éminent professeur Meili, de Zürich, un avis juridique qu'ils communiqueraient à l'Angleterre (1).

Le fait seul que le Gouvernement Anglais entendait, après l'annexion, apporter à l'acte de concession des modifications arbitraires et de nature à en altérer le sens, présente une gravité extraordinaire au point de vue du Droit International, et c'est ce que nous voulons seulement retenir. Un précédent de ce genre ferait courir à la propriété privée les plus grands dangers sans compter que les relations économiques internationales n'auraient plus aucune stabilité. La prospérité des peuples s'appuie particulièrement sur la sécurité qu'apporte aux affaires la stricte et consciencieuse application des lois et des traités.

---

prouvé, d'une manière satisfaisante, qu'elle se trouvait entre les mains de particuliers avant le commencement de la guerre. Les actions qui étaient la propriété du Gouvernement de la République Sud-Africaine, ou la propriété de directeurs ou agents de la Compagnie tous ceux-ci devant être considérés comme ayant une part de responsabilité de la Compagnie, sont exclus du présent arrangement.... Le Gouvernement de Sa Majesté se réserve le droit de rembourser au pair les obligations et payera, jusqu'au jour où les obligations seront ainsi remboursées, l'intérêt sur ces titres à partir du 1er septembre 1900. »

(1) *La Société néerlandaise des chemins de fer Sud-Africains (à Amsterdam). Sa situation légale, ainsi que celle de ses actionnaires et obligataires vis-à-vis de la Grande-Bretagne, substituée de droit à la République Sud-Africaine*, avis juridique, par le Dr F. Meili, professeur à l'Université de Zürich, associé de l'Institut de Droit international. Zürich, Institut artistique Orell Füssli, 1903.

Enlever cette base et tout croulera. L'Angleterre prétend donner à la question une solution plus conforme à ses intérêts, qu'aux termes d'un contrat qui liait l'État auquel elle s'est substituée. C'est antijuridique et dangereux. Antijuridique, parce que l'acte de concession détermine de façon claire et précise (1) les conditions auxquelles se fera le rachat ; dangereux, parce que cette doctrine, contraire au droit et à tous les précédents historiques inaugurerait l'ère des méfiances et de l'insécurité, dont la disparition cependant est nécessaire à la marche du progrès. Le Chancelier de fer, lui-même, en 1870, ne se laissa pas griser par la victoire, et résolut la question du tronçon alsacien des chemins de fer de l'Est, dans le sens conforme au droit et à l'intérêt des peuples. Espérons que l'Angleterre restera fidèle à son passé. S'il en était autrement, on pourrait s'écrier avec M. Claude Pilgrim : « Quelles conséquences ne faudrait-il pas prévoir si l'on attribuait au remplacement d'une autorité d'État par une autre un effet d'extinction des droits et des obligations ! Les gouvernements, surtout dans certains pays d'outre-mer, où ils se succèdent avec une merveilleuse rapidité, sauraient-ils résister à la tentation d'exploiter systématiquement, pour ainsi dire, un principe qui sanctionne toutes les confiscations ? Ce n'est plus pour nous-mêmes que nous risquerions, à l'avenir, nos capitaux dans les entrepri-

(1) Article XXVII.

ses du commerce et de l'industrie, mais bel et bien pour ce souverain, que nous n'avons aucun motif d'enrichir et qu'on avait coutume, avant le développement de l'impérialisme, d'appeler le roi de Prusse. Il y aurait, avouons-le, de quoi décourager les meilleures volontés et les tentatives les plus hardies (1) ».

---

(1) *Revue politique et parlementaire*, mai 1903, p. 298.

Nous n'avons pas voulu terminer cette étude sans apporter à nos réflexions du début les tempéraments que nous ont imposés les événements d'ordre international, survenus au cours de notre travail.

Il est certain, en effet, que la récente Convention d'arbitrage entre la France et l'Angleterre, marque un grand pas dans la voix de la paix et légitime bien des espérances. Si les questions purement politiques ont dû être forcément écartées, parce que deux puissances seules n'auraient pu les résoudre, il est juste de reconnaître cependant que, même dans ces limites, la Convention d'aujourd'hui n'en pose pas moins, devant le monde, le principe de l'arbitrage, dans le cas où l'arbitrage est possible.

Aux sceptiques, qui n'ont vu dans la Convention que la consécration officielle par deux grandes puissances d'un statu quo décourageant, on a pu répondre avec juste raison, qu'il fallait un commencement à tout, et que, dans l'état actuel de nos mœurs, deux peuples ne pouvaient s'abandonner les yeux fermés, du jour au lendemain, pour toutes les questions imaginables, aux arrêts d'une cour qui ne s'imposera qu'avec le temps et qui n'a même pas encore pu faire ses épreuves.

Soyons confiants dans l'avenir! Une nouvelle porte pacifique est ouverte à l'humanité et ce sera l'honneur de la France d'en avoir pris la généreuse initiative.

BIBLIOGRAPHIE

BLUNTSCHLI. — *Le Droit international codifié*, traduit de l'allemand par Lardy. 4e édition, 1886.

BONFILS. — *Manuel de Droit international public*, 1894.

CALVO. — *Le Droit international théorique et pratique*, 4e éd., 1887-1888.

CHRÉTIEN. — *Principes de Droit international public*, 1re partie, 1893.

FIORE. — *Trattato di diritto internazionale publico*, 1884.

F. BRENTANO et SOREL. — *Précis du Droit des Gens*, 1877.

PRADIER-FODÉRÉ. — *Traité de Droit international public européen et américain, suivant les progrès de la science et de la pratique contemporaines*, Paris, Pedone.

GROTIUS. — *De jure belli ac pacis.*

HALL. — *A treatise on international law*, 3e éd., 1879.

HEFFTER. — *Das europaeische Volkerrecht der gegenwart*, 8e éd.

DE MARTENS. — *Précis du Droit des Gens moderne de l'Europe*, Paris, Guillaumin, 1864.

PHILLIMORE. — *Commentaries upon international law*, 3e éd., 1879.

L. RENAULT. — *Introduction à l'étude du Droit international*, Paris, 1879.

RIVIER. — *Principes du Droit des Gens*, Paris, Rousseau, 1896.

ULLMANN. — *Volkerrecht*, 1898.

VATTEL. — *Le Droit des Gens.*

GUELLE. — *Précis des lois de la guerre*, Paris, Pedone, 1884.

KLEEN. — *Lois et usages de la neutralité*, Paris, 1898.

MABILLE. — *La guerre*, Paris, 1884.

MORIN. — *Les lois relatives à la guerre*, Paris, 1892.

PILLET. — *Droit de la guerre*, Paris, 1892.

E. ROMBERT. — *Des belligérants*, Paris, 1894.

VASSAUX. — *Prisonniers de guerre et otages*, Paris, 1892.

APPLETON. — *Des effets des annexions de territoires sur les dettes de l'Etat démembré ou annexé*, 1894.

CABOUAT. — *Des annexions de territoires et de leurs principales conséquences*, 1881.

DE LA GUÉRONNIÈRE. — *Le Droit public et l'Europe moderne*, 1876.

MASSÉ. — *Le Droit commercial dans ses rapports avec le Droit des Gens*, 2e éd., 1874.

ROUARD DE CARD. — *La guerre continentale et la propriété*, 1877.

R. SOLOSSE. — *Traité de l'annexion au territoire français et de son démembrement.*

DARCY. — *La conquête de l'Afrique*, Paris, Perrin, 1900.

DESPAGNET. — *La guerre Sud-Africaine*, Paris, Pedone, 1902.

FROCARD et PAINVIN. — *La guerre au Transvaal*, Paris, Cerf, 1900.

Capitaine GILBERT. — *La guerre Sud-Africaine*. Paris, 1902.

J.-A. HOBSON. — *The war in South Africa*.

P. LEROY-BEAULIEU. — *Nouvelles Sociétés anglo-saxonnes*, A. Colin, 1897.

DE MOLINARI. — *Grandeur et décadence de la guerre*, Paris, 1898.

KRÜGER. — *Mémoires*, Paris, Juven.

POIRIER. — *Le Transvaal, 1652-1899*, Paris.

J. VILLARAIS. — *Le sens de la guerre Sud-Africaine*, Paris, Flammarion.

DE WET. — *Trois ans de guerre*, Paris, Juven.

DE VILLEBOIS-MAREUIL. — *Carnet de campagne*, Paris, 1902.

PÉRIODIQUES

Annuaire de l'Institut de Droit international, 18e et 19e volumes.

Revue générale de Droit international public, 1900-1901, mars-avril 1903.

Revue de Droit international et de législation comparée, T. XVII (1885), T. XX (1888).

Revue militaire des armées étrangères, 1900-1901-1902.

Revue du Service de l'Intendance, 1900-1901-1902.

Revue des Deux-Mondes, 1900-1901-1902.

Revue Bleue, 1901.

Revue de Paris, 1902.

Revue politique et parlementaire, mai 1903.

Nouvelle Revue, 1901.

Correspondant, février 1896.

Questions diplomatiques et coloniales, 1900-1901-1902.

Journal des Sciences militaires.
Le Caducée, journal de chirurgie et de médecine d'armée, 1902.
Journal officiel (français), janvier 1902.

Illustraded London News, 27 janvier 1900.
Times, 28 février 1900.
Rotterdam Courant, 29 novembre 1899.
Tageblatt, 9 janvier 1900.
Noticiero, 1er février 1900.
Petit Bleu, 22 janvier 1900.
Journal des Débats, 21 décembre 1899, 30 mars, 14 juillet, 20 novembre 1900.
Liberté, 16 novembre 1899.
Matin, 28 décembre 1902.

IMP. LOUIS KREIS, RUE SAINT-GEORGES, 51, NANCY.

TABLE DES MATIÈRES

ERRATA

Pages 2, 4e alinéa, ligne 29, lire *reculs* au lieu de réveils.
» 5, 3e ligne, lire *Colenso* au lieu de Colento.
» 8, 20e ligne, lire *Catellani* au lieu de Castellani.
» 65, 17e » , » *peu disposée* au lieu de disposée.
» 122, 20e » , » *exprimées* au lieu de expresses.
» 137, 5e » » *au devoir* au lieu de de devoir.
» 158, 29e » , » *cette théorie* au lieu de ces théories.
» 159, Renvoi (2), lire *153* au lieu de 135.
» 162, » (1), » *153* au lieu de 155.
» 163, 15e ligne, lire *ses importations* au lieu de ces importations.
» 164, 27e » , » *le tira d'embarras* au lieu de se tira.
» 165, 13e » , » *Mashona* au lieu de Mahoona.
» 166, 8e » , » *du Haus Wagner* au lieu de de.
» 201, 31e » , » *eddem* au lieu de iâden.
» 207, 1e » , » *Enlevez* au lieu de enlever.
» 214, Bibliographie, 7e ligne, lire *Rotterdamsche* au lieu de Rotterdam.

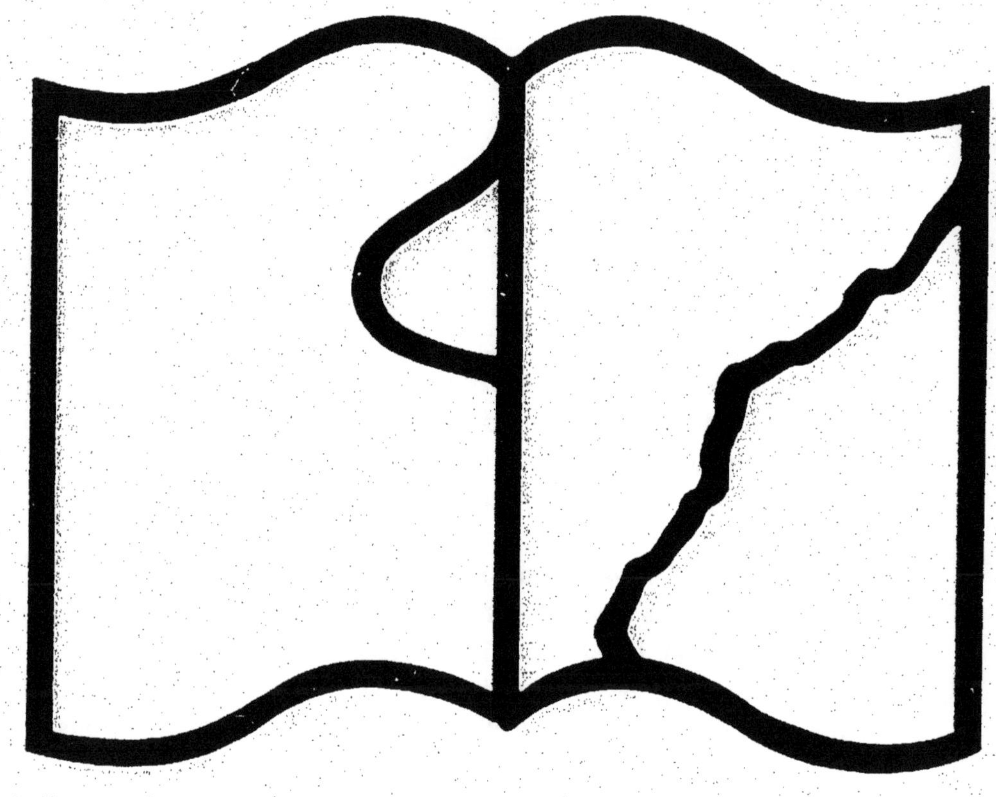

Contraste insuffisant

NF Z 43-120-14

www.ingramcontent.com/pod-product-compliance
Ingram Content Group UK Ltd.
Pitfield, Milton Keynes, MK11 3LW, UK
UKHW012027240726
13965UKWH00002B/622